www.einaudi.it

ISBN 978-88-06-25575-6

Diego De Silva

I titoli di coda di una vita insieme

Einaudi

alla fine di ogni amore

I titoli di coda di una vita insieme

La frase d'amore, l'unica, è: «Hai mangiato?»
ELSA MORANTE

L'annuncio

Alice e io ci vogliamo bene. Per questo ci stiamo lasciando. Lo so, è un paradosso, ma è cosí che finiscono i matrimoni. Per quanto illogico sembri, sono i difetti che tengono in vita le coppie. Gli atteggiamenti che irritano, i momenti in cui diventi bersaglio di provocazioni improvvise, sfrontate, figlie di piccoli rancori mai superati se non dagli anni (che passano ma non risolvono), rancori prescritti e dunque inesigibili che ancora bruciano; le frasi che non vorresti piú sentire (quante volte le hai chiesto di non ripeterle?), le abitudini moleste, le dimenticanze, gli intercalari sbagliati che sei stanco di riprendere. Sono queste le cose che contano.

Quando questa matassa nevrotica si scioglie, quando regna la calma e tra le pareti ristagna quella pace insapore, esangue, inoffensiva, duratura, che ha un odore (lo senti nelle narici appena rientri a casa, impregna i mobili, è una condensa); quando niente piú ti disturba perché niente piú ti tocca, e non c'è piú fastidio reciproco, tu qui, lei pure, e siete gentili l'uno con l'altra, finanche premurosi a volte, è allora che è finita.

Io non saprei dire quand'è successo. È un mio vecchio difetto quello di cercare una scaturigine degli eventi, come volessi credere che c'è sempre qualcuno o qualcosa a cui dare la colpa, benché sappia (gli anni me l'hanno dimostrato tante volte) che niente è ascrivibile a una sola causa e nulla di ciò che conta davvero si spiega; eppure mi rassicurerebbe individuare un momento preciso, un trauma, uno strappo, una parola fuori posto non particolarmente eloquente ma in grado di accendere una luce sull'irreparabilità delle cose.

Ci sono parole (a volte dei semplici avverbi) che hanno un basso livello di offensività eppure allertano, denunciano, ci consegnano l'evidenza di una fine avvenuta. Sono come soffiate che arrivano sottobanco nel pieno di una contrattazione, la interrompono e la invalidano (mi è successo, una volta, di veder saltare una trattativa al momento del rogito perché il notaio aveva rilevato un vizio nella documentazione dell'immobile che stavo per comprare: ancora ricordo lo sgomento sul viso del venditore e dell'agente immobiliare che lo scortava: Ma come, proprio adesso, sul piú bello, e i progetti che avevo, i soldi già impegnati, la promessa che non potrò piú mantenere, in un attimo è saltato tutto, cosa dirò a casa, cosa racconterò a chi confidava nella mia solvibilità, questa compravendita che avevo tanto aspettato era un bluff, un fuoco di paglia, sono punto e a capo, domani ricomincerà il viavai di possibili acquirenti e chissà quanto durerà, intanto mi toccherà restituire la caparra).

Io vorrei isolare il momento in cui ho visto la crepa e ho preso atto della fine, ma non lo trovo, perché non c'è. L'amore è discreto nel morire, non si lamenta e non fa scenate, non c'informa quando si ammala. Siamo noi a risponderne, e tutto quello che gli capita è colpa nostra. Ma non siamo all'altezza di questa responsabilità, anche se in buona fede affermiamo di assumercela. Allora, molto semplicemente, non facciamo nulla. Ci affidiamo al silenzio. Gli diamo il compito di sfinirci e di logorare la convivenza finché uno dei due non s'incarica di ufficializzare la fine, e le dà vita, la annuncia, propone tempi e modalità. Da quel momento il tempo si dilata e si fa esperienza della peggiore estraneità: quella fra due persone che non si spiegano come abbiano fatto a vivere per tanti anni con qualcuno con cui non hanno piú niente da dirsi. Di cosa parlavano prima, di cosa era fatta la loro unione e perché ci hanno messo cosí tanto a pronunciare la parola che li ha tirati fuori dalla gabbia al solo suono di cinque sillabe? È impressionante la rapidità con cui le parole taciute a lungo disintegrano (letteralmente: tolgono integrità) assetti e convenzioni considerati immodificabili, smentendo il luogo comune che attribuisce all'abitudine il potere di resistere al tempo e all'infelicità: no, l'abitudine non ha altra forza che la nostra omertà, il potere che le conferiamo tacendo; l'abitudine è un segreto di Pulcinella, è il tappeto sotto cui nascondiamo la polvere dei rapporti finiti, basta semplicemente sollevarlo, con intenzione o per inciampo (il piú delle volte è inciampando che si smuovono le cose).

Io non so se Alice è inciampata, non ero con lei quand'è successo. Ma mi è bastato sentirla aprire la porta di casa per capire che aveva passato il limite. Ero nello studio, fuori pioveva, lei era uscita e quasi subito rientrata per recuperare l'ombrello, perciò doveva essere successo per le scale: un'illuminazione, una consapevolezza fulminea che l'aveva spinta a girare i tacchi (come certi litiganti che sembrano aver rinunciato allo scontro, si allontanano dall'epicentro della rissa e poi all'improvviso tornano alla carica piú rabbiosi di prima), o una decisione trattenuta a lungo e finalmente esplosa. Sapevo esattamente cosa stava per dirmi, le brutte notizie, anche quelle che non ti colgono di sorpresa, sono sempre anticipate da una tensione dei corpi che altera il senso dello spazio, cosí ho finto di non sentirla e ho stretto gli occhi sulle righe del romanzo a cui stavo lavorando, sperando che cambiasse idea.

La sua voce mi ha colpito al fianco come una scheggia.

«Mi ascolti un attimo, per favore?»

«Dimmi», ho risposto voltandomi verso di lei e togliendomi gli occhiali da lettura.

L'incipit

Di frasi pronte ne avevo diverse. Erano due giorni che me le rigiravo in bocca come quei refrain delle canzonette che non ti escono piú dalla testa. Alcune le avevo provate allo specchio, tanto volevo che la battuta avesse il giusto grado di teatralità, e non perché io sia particolarmente plateale, ma perché desideravo che quel momento, paradossalmente, fosse indimenticabile.

Gli avvenimenti memorabili non sono solo quelli che ci hanno dato gioia, sono anche quelli che ci hanno umiliato e ferito, e pure le umiliazioni e le ferite hanno diritto a parole adeguate. Non c'è fine peggiore di una qualsiasi relazione (a partire dall'amicizia) di quella che si accompagna a frasi sciatte, ottuse, in cui si sedimentano anni d'invidie inespresse e a volte addirittura ignote a chi le prova, finché non gli escono di bocca. Le parole che ricordiamo, quelle che ci hanno fatto male soprattutto, sono la nostra letteratura individuale. Isolano i momenti in cui abbiamo perso qualcosa per sempre. Per questo non le confidiamo mai a nessuno.

A ogni modo, la scelta dell'incipit mi aveva sfiancato, quando ti prepari una frase non importa che la persona a cui la rivolgi sia quella con cui hai vissuto venti o trent'anni: la confidenza si annulla, senti il tono della voce che cambia perché sei tu che stai provando a essere un'altra, usi parole medie, già estranee, anaffettive, e le ripeti come una bambina che ripassa la poesia. Non per niente, mentre provavo e riprovavo allo specchio me n'è tornata in mente una che non c'entrava nulla e faceva:

Una palla è una palla
e non sarà mai quadra.
Chi sa se la farfalla
sa d'esser farfalla.
E la gazza ladra?

Potevo scegliere fra quattro possibilità.

La prima:

«Fosco, – avrei detto entrando nello studio e tenendo inizialmente la testa bassa per poi sollevare lo sguardo a incrociare il suo, – piantiamola di far finta di niente e diciamoci la verità senza ipocrisie».

La seconda:

«Fosco, – avrei detto in tono inquisitorio entrando a gamba tesa nello studio, a rischio di fargli venire un colpo. – Che cosa siamo diventati noi due?»

La terza:

«Speravo lo aprissi tu questo discorso, ma come sempre lasci a me il lavoro sporco –. Qui avrei fatto una pausa, approfittando della sua reazione fintosorpresa. – E non venirmi a dire che non sai di cosa sto parlando».

L'ultima:

«Mi fa male il cuore a doverti dire quello che anche tu provi e non sai dirmi. Allora lo faccio io, e ti risparmio la fatica. È finita, Fosco. È finita da un pezzo. Non so cosa ci ha allontanato e non credo serva a niente chiedercelo. Dovremmo discutere della nostra separazione come si trattasse di un trasloco, con l'unica differenza che andremo ad abitare in case diverse. Io ti voglio bene, e non voglio che niente di quello che succederà da questo momento in avanti rovini quello che siamo stati l'uno per l'altra» (anzi: «l'uno *con* l'altra», che suonava piú empatico).

Il problema era che, conoscendo mio marito, sapevo già come avrebbe reagito ai quattro incipit. Fosco, malgrado il nome, è un uomo che conserva il senso dell'umorismo anche nelle situazioni piú drammatiche. Tutto il nostro rapporto, del resto, era fondato sullo sfotterci a vicenda.

Prendendoci in giro ci siamo innamorati. Cosí riesaminavo la playlist e sentivo le sue risposte nelle orecchie.

Alla prima («Fosco, piantiamola di far finta di niente e diciamoci la verità senza ipocrisie»), avrebbe risposto qualcosa come:

«Giuro che non sono stato io a pisciare nell'azalea».

E io: «Non fare il cretino, sono seria».

E lui: «Anch'io, ma il problema è che alla tua esortazione manca l'oggetto».

E io: «Vuoi l'oggetto? Eccoti l'oggetto». E avrei fatto per tirargli il fermacarte in faccia (il che non sarebbe stato molto memorabile).

Alla seconda («Che cosa siamo diventati noi due?»), avrebbe detto:

«Lo sai che odio le discussioni che cominciano con le domande che hanno già dentro la risposta. È un modo di sbolognare all'altro quello che dovresti fare tu. Se hai qualcosa da dirmi fallo e basta».

Al che avrei rincarato la dose:

«E piantala di fare orecchie da mercante. Vuoi davvero continuare a fingere, aspettare il giorno in cui voleranno i piatti, perché è chiaro che andando avanti cosí arriveremo all'esasperazione e finiremo per odiarci? È questo che vuoi?»

E lui: «Scusa, ma non eri uscita?»

E io: «E questo che c'entra?»

E lui: «Che se hai pensato di tornare indietro per farmi il discorsetto, qualcosa mi dice che te l'eri preparato».

E io: «Perché non rispondi alla mia domanda?»

E lui: «Ci ho azzeccato, eh?»

E io: «Rispondi alla domanda».

E lui: «Magari non ho voglia di prestarmi a discorsetti preparati. In quel caso mandami le domande e ti rispondo via mail».

E io: «Ah, ah».

Per poi fissarlo senza ridere.

E lui, sentendosi in dovere di rispondere: «O magari, piú semplicemente, non mi va di affrontare l'argomento».

A quel punto il battibecco avrebbe fagocitato il tema (è a questo che servono i battibecchi, a furia di battere il becco il tema si rompe in mille pezzi).

Alla terza («Speravo lo aprissi tu questo discorso»), avrebbe probabilmente risposto come sopra. Però non ci sarebbe stato battibecco, il che mi avrebbe dato modo di mettere in discussione la sua replica:

«Cosa vuol dire che non hai voglia di affrontare l'argomento? Che per parlare di noi due devo aspettare che Giove si allinei con Venere?»

«No, vuol dire solo che mi fa male parlarne».

Qui avrei accusato una fitta di tenerezza. Conosco mio marito, so che diventa fragile da un momento all'altro. Come se all'improvviso perdesse ogni volontà di difesa. Di piú: ogni interesse alla difesa. Quasi preferisse precipitare e schiantarsi piuttosto che combattere. Avrei dovuto lottare con quella tenerezza, per andare avanti nel discorso.

«Certo che fa male, credi che a me non ne faccia?»

«Allora non capisco perché vuoi che ne parliamo».

«Perché siamo arrivati alla frutta, Fosco. E io non voglio piú essere infelice».

«Neanche io voglio essere infelice, ma parlare di questo mi rende ancora piú infelice, guarda un po'».

«Quindi cosa dovremmo fare, stare zitti e fingere che tutto vada alla grande?»

«Perché no?»

«Smettila».

«È solo che non credo a questi discorsi. Sono rimasticati, recitati. Per quanto tu pensi di essere autentica, sei comunque in posa. Dimmi, non ti senti in imbarazzo?»

«Cazzo, sto cercando di parlarti di noi due, del fatto che il nostro matrimonio è arrivato al capolinea, e tu mi fai sentire una specie di cretina che usa frasi fatte».

«Non penso che tu sia cretina. È il copione che è cretino. Sèntiti, hai appena usato la metafora del capolinea...»

Qui mi sarebbero venute le lacrime agli occhi.

«D'accordo, allora sai cosa? Non parlo piú. Agisco».

E sarei uscita di nuovo.

Sbattendo la porta, stavolta.

Il punto è che questo sforzo d'immaginazione l'avevo fatto mentre risalivo le scale; per cui, una volta rientrata in casa, ho resettato tutto e a Fosco ho detto soltanto:

«Mi ascolti un attimo, per favore?»

Tacere

L'amore non è una storia, ma due. È lo squilibrio narrativo che rende scellerato il patto che regola la vita di coppia. Ci riconosciamo in un racconto comune, medio, fatto di concessioni reciproche, di compensazioni, di «Fa niente». E se ci accontentiamo di cosí poco è perché sappiamo che è il solo modo di tenerci accanto chi amiamo e non vogliamo perdere.

Chiunque dica che questo non è amore, non sa di cosa parla. L'amore è intelligente, e sa aspettare. Con gli anni ho imparato ad ascoltarlo, e ho capito che la sa piú lunga di me. Soprattutto, l'amore non è orgoglioso. Accetta il dolore, se lo considera un giusto prezzo. Certo, è tanto bello il tempo in cui si scrive a quattro mani la stessa storia, uniformando la prosa, dandole ritmo, profondità e leggerezza. Quando il mondo non conta piú nulla, e per vivere non ti serve altro che lei (si tende a ridurre i consumi, nello stato di grazia: e chissà che l'amore non abbia una vocazione ecologica). Ma sono periodi di alterazione della realtà, d'immaginazione militante, di parole tolte di bocca, di coincidenze ricercate in ogni circostanza pur di credere all'esistenza di un destino che ci ha riservato un posto tra i felici. Poi ognuno comincia a raccontarsi la sua storia, che il piú delle volte è l'interpretazione di quella dell'altro. Lui pensa che. Lei è convinta di. Si parla per allusioni e illazioni; il resto lo fanno i corpi, che appianano tutti gli spigoli.

Certo, ci sono quelli che invecchiano felici, e si danno la mano per strada lasciandosi dietro scie di tenerezza.

Forse Alice e io non siamo stati parsimoniosi come loro. Abbiamo sperperato la nostra rendita, e siamo arrivati a questo punto.

D'accordo, probabilmente è finita. E dovremmo pur prenderne atto. Ma il punto è che non ho nessuna voglia di parlare di questo, perché trovo oziosa e compiaciuta la discussione.

Intanto, c'è poco da discutere sulla fine di un amore. Tutte le polemiche che la costeggiano, e in cui è facile lasciarsi trascinare, hanno senso solo se riguardano questioni patrimoniali o l'affidamento dei figli. Per quelle bastano due avvocati, o anche uno solo. Ma ciò che conta veramente, le illusioni, gli anni in cui non avevamo niente ma ci bastava stare insieme, semplicemente accanto, tenerci reciprocamente il posto senza permettere a nessuno di sedervisi; il futuro per cui eravamo in fila, fiduciosi che sarebbe venuto il nostro turno, pur non avendone certezza; la mano che per la prima volta ha stretto la nostra quando l'abbiamo cercata: di tutto questo nessuno può parlare. Neanche noi, che ne sminuiremmo il valore con il senso pratico dell'oggi.

L'oggi, poi, te lo raccomando. L'oggi che non ricorda piú niente. Che svenderebbe tutto per quattro lire. L'oggi, che vorrebbe mettere a confronto le nostre diverse versioni della stessa storia. È il lavoro dei cattivi divorzisti che giocano al massacro. Quelli molto stupidi si abbandonano ad apprezzamenti gratuitamente distruttivi della parte avversa. In quei momenti anche il coniuge piú agguerrito ha un sussulto, perché per quanto ti voglia morto non può accettare che uno sconosciuto parli di te senza rispetto, e lo faccia addirittura in sua presenza. Sente scattare un impulso alla difesa: Come ti permetti, cretino, chi sei per giudicare l'uomo con cui ho vissuto per vent'anni, cosa ne sai di quanto abbiamo creduto l'uno nell'altra anche se adesso siamo qui e neanche ci guardiamo in faccia, con che diritto mi tratti come fossi una cliente da blandire infamando suo marito, cosa credi, che ti apprezzi, che la tua viscida complicità mi gratifichi? Tu non sai niente di noi, di me, del dolore che mi ha portato fin qui, sei solo un piccolo mercenario che aspetta d'incassare la parcella, allora sai cosa? Te lo firmo seduta stante il tuo assegno, prendilo, ti liquido qui, davanti al giudice, e poi vattene, faccio da sola, non mi servi.

Di sogni a occhi aperti come questo – desideri di rivolta che riscrivono la realtà, disinfestandola –, nei giudizi di separazione se ne fanno a bizzeffe. Lo so perché ho studiato a fondo la materia.

Un lungo tempo della vita (quello che custodiva gli anni migliori, e ti eri illuso sarebbe morto di morte naturale) sta per andarsene. È il tuo momento, l'atto finale della commedia. Vorresti le battute migliori, le piú nobili. Frasi a effetto e risposte puntuali che sí, ti facciano vincere in caso di battaglia (o almeno ti permettano di uscirne senza danni permanenti), ma al tempo stesso restituiscano dignità al tuo fallimento. Parole bilanciate, scelte. Parole che portino rispetto. E vorresti anche una scenografia adeguata. Un regista che sappia trattarti da protagonista. Ma non c'è nulla di tutto questo. L'ufficio in cui ti trovi è una stanza insignificante e grigia, arredata male, con i vetri sporchi e i calendari scaduti. Un luogo che era qualcos'altro, prima di diventare un obitorio di matrimoni (l'aula di una scuola, forse, o un deposito di mobili usati). Ogni cosa di quel giorno deprimente complotta per svilire ciò che è stato, spingendoti in un presente miserabile dove la storia a cui stai per mettere la parola fine è diventata una pratica tra le tante, e quindi non conta piú niente. Non c'è riguardo né garbo per il tuo fallimento, e nemmeno silenzio. Nei corridoi dei palazzi di giustizia si parla ad alta voce, si ride, i cellulari squillano arroganti e impuniti (c'è chi – ci scommetterei – sceglie le suonerie piú sguaiate a scopo di molestia), nessuno – soprattutto tra gli avvocati – viene sfiorato dal pensiero che bisognerebbe avere un po' di rispetto per chi si trova lí (e magari è la prima volta che entra in un tribunale) ad affrontare un momento cosí delicato della sua vita, e vorrebbe che il rumore restasse fuori dalla porta, come in una biblioteca o in una chiesa: il confuso senso di abbandono che prova chi sta per affrontare una separazione va forse tutelato meno della concentrazione di uno studente che si cimenta in una ricerca o di un fedele che consegna le sue speranze a Dio, illudendosi che senta la sua voce bisbigliante fra le navate deserte (non a caso si scelgono sempre orari scomodi per intimizzare con l'assoluto – mattina presto, tardo pomeriggio)?

Nessuna persona ragionevole potrebbe mai svalutare il dolore appassito di due persone che si amavano e stanno per lasciarsi per sempre, firmando addirittura un certificato di addio che libera da alcuni obblighi e ne impone di nuovi; nessuno, se si facesse un sondaggio, si direbbe sfavorevole a una regola che imponesse il silenzio nei corridoi e nelle anticamere delle aule di giustizia, se solo gli si spiegasse cosa si prova, in un'aula di giustizia; eppure è cosí che succede. Nel pensiero comune, il dolore di chi sta per separarsi è considerato uno stato d'animo provvisorio, scarsamente rilevante, come quelle tristezze minori, climatiche, destinate a estinguersi alla prima schiarita. Quale regola di condotta, quale burocrazia dovrebbe vigere a presidio di un dolore cosí sottostimato, un dolore che appena uscito dal tribunale mandi via con un buffetto della mano? Via, siamo seri. Sei arrivato fin qui, hai detto e pensato peste e corna di tua moglie, di tuo marito, hai stilato elenchi lunghissimi e dettagliati di tutti i rancori che hai maturato negli anni, hai fatto una testa cosí ai tuoi amici che ti hanno lasciato ripetere infinite volte le stesse lamentele ascoltandoti come se non le avessero mai sentite prima, e adesso ti fai prendere dal sentimentalismo?

È tipico degli indifferenti svalutare il dolore degli altri, specie quello che lo Stato di diritto riconosce. Ma chi soffre e non lo dice, chi convive con un dolore che non passa (un dolore che ti segue con la fedeltà di un cane, che prende le tue abitudini e t'impone le sue, che ti cambia nell'intimo e anche nell'aspetto: non sorridi come una volta, anzi non sorridi piú, tendi le labbra, volti sempre un po' la testa perché non ti guardino negli occhi), prova un sentimento che non aspira all'uguaglianza, che rifugge dalla classificazione. Percepisce se stesso come un'anomalia, e vorrebbe essere trattato come anomalo. Magari fosse un male, quello che lo affligge: è un dolore, ed è la sua natura che complica le cose. Il male si cura, o almeno si allevia, oppure ti uccide. Il dolore lavora col tempo e nel tempo, a volte è svogliato, altre si accanisce, lasciandoti la riserva di forze che basta appena a tenerti in vita.

Quando con Alice cerco di affrontare questi argomenti diventa insofferente, rabbiosa. Mi accusa di tergiversare, di voler far passare la nottata. Ovviamente sa che non sono cosí stupido, ma mi aggredisce lo stesso con queste frasi fatte, che poi sono quelle che meno sopporto. Chissà perché quando si litiga ci si sente in diritto di dire qualunque idiozia. L'aspetto piú becero di questa libertà che ti prendi da solo assalendo l'altro con le accuse piú svaccate sta nella naturalezza con cui ti assolvi dopo la tormenta: «Non volevo», «Lo sai che non penso quello che ho detto», «Ero arrabbiata», «Mi sono lasciato andare». A volte ti risparmi pure la fatica di una frase di circostanza, come se quell'insulto non lo avessi pronunciato, e dunque non ci fosse ragione per ripeterlo, anche solo per vergognarsene.

È nelle pause delle liti, invece, che succede qualcosa. In quei momenti siamo stanchi, prosciugati. Ci guardiamo in faccia come pugili dagli angoli opposti del ring dopo un round che ci ha sfiniti nella stessa misura: nessuno dei due sa se sta perdendo o vincendo, però riconosce il valore dell'altro. Allora viene meno la competizione, lo scontro perde senso. Non c'è piú risentimento o voglia di rivalsa. Delle nostre ragioni, quelle che fino a un attimo prima difendevamo come se dal riaffermarle dipendesse la nostra dignità, non c'importa piú niente; tanto che non ricordiamo neanche da dov'eravamo partiti. Soprattutto, ci sembra di non avere piú niente da dirci.

Non è senso di estraneità, non è distanza, è proprio il contrario. L'improvviso abbandono della parola, la rivelazione della sua inadeguatezza, della sua incapacità di esprimersi (non nostra: sua), è pura luce. È l'attimo in cui riscopriamo di amarci. Quello in cui l'amore rivendica la sua superiorità sulle pochezze a cui lo costringiamo ad assistere e partecipare, e ci chiude finalmente la bocca.

È in quei silenzi profondi, assoluti, che ho l'impressione che Alice mi capisca e mi dia addirittura ragione. Ma non riusciamo mai a capitalizzarli, a imparare la lezione.

Siamo una coppia.

La signora della torta

Di tutte le nostre liti, ce n'è una che non dimentico. Piú che ricordarla la rivedo, nitida. Non si appanna col tempo, la memoria me la restituisce integra quando provo a immaginare come mi sentirò il giorno in cui Fosco andrà via da questa casa. Non da quel giorno in avanti, proprio quello in cui se ne andrà e io mi accuccerò sul divano del soggiorno, percependo la sua assenza nello studio. Quando la casa si svuoterà e i mobili, i libri, i quadri e le fotografie incorniciate mi daranno addosso. Allora mi affaccerò in tutte le stanze per annusare la solitudine di ognuna e chiedere il loro parere sull'accaduto, aspettandomi che mi diano torto. Forse aprirò qualche cassetto.

La camera da letto mi guarderà con astio. Le pareti mi sembreranno scurite, coperte da un sottile strato giallognolo che prima non c'era (ma sparirà con un battito di ciglia, come quelle foschie passeggere che a volte opacizzano la vista, per stanchezza). Il Monachesi sulla testata del letto matrimoniale mi colpirà agli occhi ricordandomi il giorno in cui Fosco lo portò a casa e me lo scartò davanti, proprio in quella stanza, dopo che me n'ero invaghita a una mostra, togliendomi il respiro per la gioia. Le tende che avevamo scelto insieme avranno l'incombenza scenografica del sipario. Le aprirò, ma servirà a poco. Il cassetto sbilenco del comodino di Fosco mi rinfaccerà le volte che l'ho rimproverato di non decidersi a chiamare il falegname che conosceva da una vita, inacidendo la voce per sottolineare il doppio senso di quella frase che non ha mai raccolto, salvo rispondermi, una volta: «Scegli meglio le metafore. Non ci vedo niente di scandaloso nel non affrontare i problemi».

Potrò accaparrarmi la sua porzione di cabina armadio (nonostante gonna dopo gonna, abito dopo abito, mantella dopo mantella, ne abbia occupato i tre quarti, confinandolo in un angolo), ma di quel posto finalmente libero di cui avrei tanto voluto appropriarmi non saprò cosa farmene. Aprirò la finestra del suo bagno per mandare via il profumo, farò in fretta a cambiare l'aria. Nel mio, mi guarderò allo specchio.

La camera di Cristiano sarà l'unica che mi accoglierà senza rancore, perché lo spazio dei figli è una zona franca. Lí, fra la chitarra e il computer, la libreria e il tavolo da disegno di nostro figlio, troverò consolazione.

«Era la sola cosa da fare, – dirò sottovoce, – e l'hai fatta. Non pentirtene. Ti serve solo un po' di tempo».

Da quando abbiamo iniziato a parlare della separazione (o meglio da quando ho iniziato io, perché se fosse per lui non se ne parlerebbe affatto; e non so se ritenerlo in buona fede quando dice di non credere a una parola di quelle che ci si scambia in queste circostanze o pensare, piú semplicemente, che gli manchi il coraggio se non addirittura la voglia di affrontare il problema); da quando la separazione è diventata un argomento che ci riguarda, dicevo, faccio spesso queste prove di addio, ma tutto quello che rimedio è un po' di tristezza, su cui però so di non poter fare affidamento. Sí, va bene, immagino, fantastico, sceneggio, costruisco i dettagli di quella giornata che aspetto e temo al tempo stesso; qualche volta mi commuovo, ma recito. Non si può fingere di essere tristi sapendo che quando riaprirai gli occhi troverai tutto come stava. Simulare il dolore della fine, poi, è impossibile. Nessuno sa com'è fatto quel dolore (meglio: qualsiasi dolore) prima di trovarselo davanti. Immaginare come si reagirà è da stupidi. Non ho la minima idea di come mi difenderò dallo smarrimento, e m'innervosisce la prospettiva del rimorso, o – peggio – del rimpianto. Perché poi quale sarebbe la contromisura di questa, peraltro probabile, eventualità? Lasciare le cose come sono? Non fare una scelta difficile per il timore di non esserne all'altezza?

«A me non sembra un motivo da poco», obietterebbe Fosco.

Quella volta ero uscita di casa sbattendo la porta, dopo avergli urlato di tutto. La causa della lite non la ricordo, non era importante, come sempre, del resto. Quando viene meno la somiglianza, e al contrario ci si accanisce nel rivendicare ogni piú piccola diversità, si ha da ridire su qualunque cosa, dal tubetto del dentifricio al telegiornale, come se aver vissuto insieme per vent'anni sorvolando sul tubetto del dentifricio, nonostante i tubetti spremuti al centro ti abbiano sempre mandato in bestia, fosse il prezzo da pagare per salvaguardare le intese veramente importanti; quando si polemizza sulla dichiarazione di un politico sempliciotto che ha una conoscenza grossolana e stiracchiata del tema di cui parla e si finisce per attaccare l'altro sul piano personale, accusandolo di essere identico al cosiddetto onorevole contro cui ha appena imprecato, quasi che aver sempre votato allo stesso modo, letto piú o meno gli stessi libri, scelto gli stessi film, desiderato visitare gli stessi posti, non contasse piú nulla (tutto ciò che semplificando in malafede viene chiamato «andare d'accordo», cioè restare insieme anche se non ci si ama piú), qualunque contrarietà è un trampolino per la prossima lite.

Non ricordo, perciò, cosa scatenò in me un risentimento cosí forte da aver bisogno di fargli male, colpendolo con una rabbia spropositata, chimica, caricando ogni parola di tutta la frustrazione che covavo.

Quella volta Fosco, che mi aveva sempre tenuto testa, la abbassò. Ero io la piú forte, forse perché l'avevo colto di sorpresa mentre preparava il caffè dicendogli (cosí, all'improvviso) che non sopportavo piú di vederlo circolare per casa e volevo che se ne andasse. Glielo dissi con l'insofferenza che avrei potuto riservare a un ospite sgradito.

Capí subito che non dicevo tanto per dire (glielo lessi in faccia quando mi guardò con una mescolanza di incredulità e disgusto che lo sfigurò per un attimo), e che davvero la sua persona, i suoi gesti, il suo solo muoversi da una stanza all'altra m'infastidivano. Il fatto che conoscessi a tal punto le sue abitudini da poter scommettere sul numero dei passi che gli servivano per andare dallo studio alla cucina, da essere in grado di anticipare il momento in cui avrebbe aperto il frigorifero, bevuto a canna dalla bottiglia dell'acqua, preso la miscela di caffè alla nocciola dalla dispensa e caricato la moka (non ha mai gradito il caffè con le capsule, al contrario di me: anche su questo discutevamo, lo accusavo d'imbrattare ogni volta il piano cottura, patologicamente incapace com'è di spegnere la fiamma poco prima che la caffettiera sputi fuori il caffè), mi portava all'esasperazione.

Per un attimo rimase immobile come un manichino, con la caffettiera ancora fumante in una mano e la tazzina nell'altra.

«Ma che ti prende?» fu la frase che gli uscí di bocca.

Ancora oggi non saprei dire se in quel momento fosse piú umiliato o intimorito. Non ero mai stata cosí perentoria.

«Mi prende che non ti voglio piú intorno, – risposi, gelida. – Non sono tenuta a spiegarti cosa mi prende. Vattene».

Smise di guardarmi, tirò un respiro, posò la caffettiera sui fornelli e la tazzina sul tavolo, si avviò verso la camera da letto. Contai i passi e azzeccai la previsione. Credo sia stata quell'ennesima conferma a farmi scattare di nuovo. Corsi in camera, piú furiosa di prima. Aveva tirato fuori il trolley dall'armadio e stava piegando una camicia. Ripresi a inveire mentre lui si sforzava di restare calmo e continuava a sistemare la biancheria con gesti lenti ma non incerti, come a dimostrarmi di aver preso sul serio la mia intimazione. Davvero stava raccogliendo le sue cose per andarsene, come gli avevo chiesto. Ero certa che non bluffasse, e questo mi faceva impazzire di rabbia. Non ero spaventata dalla prospettiva che di lí a poco sarebbe andato via, non avevo cambiato idea, non desideravo che restasse. La mia intolleranza verso di lui era autentica, e ancora intatta. Quello che non riuscivo a sopportare era il suo silenzio.

Aveva riempito il trolley e stava per richiuderlo quando, non sapendo piú come offenderlo, gli rivolsi una frase davvero ignobile, di cui ancora oggi mi vergogno. Riguardava suo padre, e non c'entrava nulla. Né con lui né con le ragioni che ci avevano portato alla lite. Una vecchia, dolorosa vicenda, peraltro risolta, su cui avevamo fatto calare un velo, promettendoci senza dirlo che non ne avremmo mai parlato. Ruppi quel giuramento e lo colpii sotto la cintola.

Non disse niente, si limitò a guardarmi. Senza scandalo, senza giudizio. Come avesse avuto davanti un'altra persona: e infatti era cosí, ero appena diventata un'altra persona. Lo vidi indifeso, come uno che abbassa la guardia e ti regala la vittoria. Aveva gli occhi acquosi, stanchi, intensi come non li avevo mai visti, e nessuna voglia di reagire. Sono certa che in quel momento non gli importasse piú di nulla. Di me, di se stesso, del libro che stava scrivendo e a cui teneva tanto, della vita che avevamo vissuto insieme, forse neanche di nostro figlio. Prima di quel giorno associavo la disperazione al panico, alla fame d'aria, all'agitazione convulsa del corpo che si sente costretto in una gabbia invisibile e va avanti e indietro all'impazzata cercando vie di fuga che non trova. Non è cosí, o almeno non solo cosí. La disperazione, l'ho capito allora, può essere uno spaventoso tipo di quiete. Una liberazione, ma da tutto quello in cui credevi.

Gli ho urlato dell'altro, in maniera confusa, collerica, buttandogli addosso ogni colpa, e sono uscita di casa sbattendo la porta, per negargli la soddisfazione di andarsene per primo. Per le scale ho incrociato l'ingegnere del terzo piano con il cane. È un po' sordo, non credo abbia sentito la porta sbattere, infatti mi ha salutato con la solita cortesia. Il cane invece ha capito che non era giornata, di solito scodinzola e mi fa le feste, ora incavava la testa nel collo e mi guardava con una specie d'imbarazzo, quasi si sentisse a disagio.

Ho vagato nel quartiere per mezz'ora avvelenata con me stessa, con il senso d'impoverimento che ti assale quando ti trovi davanti alle macerie che hai prodotto. Mi sono seduta al tavolino del gazebo di un bar e ho ordinato un'acqua tonica. Di lí a poco è arrivata una signora sui settant'anni, magra, ben vestita, i capelli argentati e corti, le sopracciglia sottili e una piccola gobba sul naso, come uno scalino, che le stava d'incanto. Si è seduta poco distante e ha ordinato una fetta di torta di mele. Il cameriere ci ha servite l'una dopo l'altra. Sono rimasta lí a sorseggiare l'acqua tonica osservandola gustare la torta con gesti lenti, metodici, come se ogni piccolo boccone che portava alla bocca fosse un pensiero. Avrei tanto voluto avvicinarmi per chiederle come si faceva.

Non so quanto tempo sono rimasta seduta a quel tavolino. Devo essermi come addormentata a occhi aperti, perché da un momento all'altro ho realizzato che la signora non c'era piú. Ho lasciato i soldi accanto allo scontrino e sono andata via, con un'impazienza che all'inizio non capivo, ma diventava sempre piú chiara via via che allungavo il passo verso casa. Ho aperto il portone con una spallata (la serratura era guasta da tempo) e fatto le scale due gradini alla volta.

Quando, poco prima di arrivare al nostro piano, ho visto la porta socchiusa, mi è piombata addosso un'angoscia di cui avevo avuto una percezione imprecisa lungo la strada, e che ora cominciava a definire i suoi contorni, smascherandosi. Allora le sono andata incontro, per vederla in faccia. Ho spalancato la porta, e senza chiamare il nome di Fosco l'ho cercato in ogni stanza. Il trolley era ancora sul letto, né chiuso né aperto, come avesse rinunciato a raccogliere le sue cose (piú tardi avrei capito che quando te ne vai non vuoi portarti via niente). Mi sono precipitata nell'ingresso, dove mi pareva di aver visto le sue chiavi, entrando. Erano lí, sulla consolle. Il cuore batteva come se mi stesse chiedendo una spiegazione. Ho urlato il nome di Fosco piú volte mentre percorrevo il corridoio avanti e indietro, e poi di nuovo in ogni stanza.

Che avevo fatto? Perché l'avevo fatto?

Sono corsa in strada con un bisogno disperato di cercarlo, non sapevo da quanto fosse andato via, non mi spiegavo perché non avesse chiuso la porta, dopo aver lasciato le chiavi sulla consolle (quella porta socchiusa mi faceva sentire ancora di piú la sua mancanza). Ho vagato per le strade del quartiere come una madre che non trova piú il suo bambino, la gente mi guardava con apprensione, una ragazza s'è pure avvicinata chiedendomi cos'era successo e se poteva fare qualcosa. Mi girava la testa, mi tremavano le gambe, stavo per cadere. Lei mi ha sorretto e poi abbracciato sussurrandomi: «Stia tranquilla, vedrà che si aggiusta tutto». Curioso che gli estranei cerchino sempre di rassicurarti come se sapessero di cosa parlano.

È stato allora che, pur con gli occhi appannati, ho visto Fosco poco piú avanti, accanto al camioncino di una ditta di spedizioni: stava prendendo una busta imbottita dalle mani del corriere. Mi sono slegata dall'abbraccio della ragazza e gli sono corsa incontro senza chiamarlo, singhiozzando. Lui s'è voltato e mi ha visto. Era cosí stupito che per un attimo ho avuto l'impressione che non mi riconoscesse. Mi sono fermata a un metro da lui, ansimando. Lui ha strizzato le sopracciglia e mi ha guardata confuso. Sapevo che aveva tutto il diritto di respingermi, ma gli ho buttato le braccia al collo e l'ho stretto forte. Ed è stato solo quando ha risposto all'abbraccio che ho ripreso a piangere.

«Dove sei andato?» gli ho chiesto in un orecchio.

«Cosa?» ha detto stranito.

Ho tirato su col naso. E lui ha risposto:

«Il corriere mi ha chiesto di scendere a prendere il pacco perché non trovava parcheggio».

Sono scoppiata a ridergli nell'incavo della spalla, ma non c'era verso che smettessi di piangere.

«Oh, – ha detto dopo un po', – pensi di sbavarmi sulla camicia ancora per molto?»

Credo che sia stato il momento piú felice del nostro matrimonio, e in assoluto uno dei piú belli della mia vita.

Tutto per un pigiama e un paio di pantofole

Una volta Alice è rientrata a casa furiosa. Avevamo litigato al telefono, una modalità che mi disgusta particolarmente perché altera il conflitto, lo mistifica, e offre piú di una scappatoia per cavarsela slealmente quando si sta per avere la peggio: ad esempio troncare privando l'altro del diritto di replica (e imponendogli l'assenza perentoria, aristocratica e sprezzante, di chi si è concesso anche troppo alla polemica e si arroga il privilegio di interrompere la discussione quando gli va, senza avvisare o salutare, lasciando l'interlocutore nella piú umiliante delle solitudini, in un certo senso annullandolo), oppure millantare una provvidenziale instabilità della linea («Guarda che ti sento benissimo e tu pure, piantala con questa buffonata»; «Pronto, pronto?»), che poi è un altro modo di troncare, solo meno volgare.

Comunque, quella volta al telefono c'eravamo lanciati metaforicamente di tutto. Io avevo avuto la meglio con una battuta beffarda, ben piazzata, a cui Alice non aveva saputo ribattere, rimanendo, con mia grande soddisfazione, in un silenzio da scena muta. Credevo, avendo vinto il round, che la discussione sarebbe finita lí (tant'è che non mi aveva richiamato, come solitamente fa quando mi chiude il telefono in faccia: il che era la prova che l'avevo proprio colpita e affondata), e invece il mio vantaggio momentaneo era solo servito a far divampare in lei un generico bisogno di rimonta. Voleva riprendere la lite, ma non sapeva da dove, né in che modo.

Entrò e sbatté la porta con una tale violenza che per un attimo ebbi il timore che l'avesse fatta saltare dai cardini. Mi misi nei panni dell'inquilino del piano di sotto: quanto sarebbe stato bello, pensai, uscire sul pianerottolo al posto suo per urlare al cafone che l'aveva fatto sobbalzare con quello schianto incivile, magari mentre se ne stava rilassato sul divano a guardare la tv, esattamente l'attività che stavo svolgendo io a quell'ora della sera. Mi voltai verso di lei (l'ingresso dava direttamente sul living, dove mi trovavo) e le cercai gli occhi, che come già sapevo mi negò. Se ne stava ferma lí, con le gambe appena divaricate, nella buffa pantomima della scena di un western. Ebbi l'impressione che sul viso le fosse comparsa una vaga tonalità di grigio.

Si fece scivolare la borsa dalla spalla fino al pavimento (quella non la sbatté), mi passò davanti e si piazzò al centro della stanza, fra me e la cucina a vista, dove iniziò a esibirsi in quella che avrebbe voluto essere una manovra di autoventilazione, incamerando e rilasciando aria attraverso le narici e ripetendo piú volte la stessa parola in punta di labbra. Mi parve di capire che dicesse «Nuota».

Cercava di spaventarmi, di farmi credere di aver perso la brocca, ma ormai la conoscevo troppo bene per cascare in quel genere d'inganno. Mi vennero in mente gli uccelli che fingono di avere un'ala rotta per attirare i predatori lontano dal nido e volare via dopo un breve inseguimento, svelando il bluff una volta certi di aver messo al sicuro i piccoli. Lei usava lo stesso sistema: fingeva una menomazione (di cui, neanche a dirlo, ero io la causa) per smuovermi dal divano e dirottarmi dove voleva, lontano dalle ragioni che ci avevano portato alla lite e che continuavo a sostenere rimanendo seduto senza cedere al ricatto.

Avevo voglia di andarmene, tanto mi umiliava star lí ad assistere a quel teatrino di bassa lega, e l'avrei anche fatto se non fossi stato in pigiama. Spesso sono i dettagli secondari, apparentemente irrilevanti, a ostacolare delle iniziative che imprimerebbero una svolta decisiva al corso degli eventi. Se vuoi andartene e hai addosso il pigiama, è un guaio. Certo, nulla t'impedisce di spogliarti, rivestirti e uscire. Ma il tempo necessario al cambio d'abito ti espone ad altri eventi che possono verificarsi di lí a poco: un ripensamento, una ripresa della lite, una scenata tardiva («Dove credi di andare, stronzo? Sto parlando con te! Guardami!»), un tentativo di recupero in extremis sulla porta («Tu di qui non te ne vai»; «Dammi la chiave»; «No»), una gamma di variazioni sul tema sventagliata sotto il naso per inficiare la decisione, dirottarla e farla naufragare su un rivolo di nessuna importanza, perché nulla di ciò che pensiamo esiste se non si traduce in atto. Volevi andartene, e se lo avessi fatto nel momento in cui l'avevi desiderato magari non saresti piú tornato indietro. Invece sei rimasto, e hai buttato via un'occasione che avrebbe potuto cambiarti la vita. Tutto per un pigiama e un paio di pantofole.

Cosí ho rinunciato al colpo di scena e sono stato saldamente al mio posto, almeno per dimostrarle che la pièce non mi piaceva. Credo sia stata la mia aggressività passiva a spingerla ad accanirsi contro una pila di piatti di ceramica vietrese lasciati in bella mostra accanto all'acquaio. Alice ha l'abitudine di esporre le suppellettili acquistate di recente, sostituendole alle piú vecchie che fa scomparire in qualche mobile. Le piace trovarsele costantemente davanti quando gira per casa, come se ogni volta le scoprisse. Anch'io faccio lo stesso con i libri. Ne ho diversi in esposizione nella mia biblioteca, su leggii di varie forme che compro apposta.

Quando ha afferrato il primo piatto e l'ha scagliato di taglio sul pavimento, a stupirmi, piú del gesto in sé (banale, nella sua platealità), è stata la quantità di cocci in cui s'è spaccato. Li ho visti separarsi e disperdersi tutt'intorno come esseri viventi. Ho pensato di nuovo all'inquilino del terzo piano e alle sue orecchie. Poi è stata la volta del secondo piatto. Del terzo. A quanto mi ricordavo era un servizio da dodici. Quel crescendo maniacale era un tentativo a suo modo disperato di strutturare l'accesso rabbioso: di dargli, per quanto assurdo apparisse, una logica. Un piatto rotto è uno scatto d'ira, l'estensione di un sentimento che deborda. Termina quando lo schianto ci sveglia, rivelandoci cosa abbiamo fatto. Un servizio intero è un avvertimento, un messaggio: «Guarda di cosa sono capace. Guarda dove posso arrivare». Sarei rimasto a guardare il secondo atto di quell'umiliante spettacolo fino alla fine al solo scopo di sabotarlo con la mia passività, se l'idea di non sapere cosa raccontare a chi fosse venuto a bussare alla porta chiedendo spiegazioni di quella scenata acusticamente inconfondibile non mi avesse spinto ad alzarmi e strappare il piatto di mano a mia moglie, interrompendo la sequenza dei lanci.

«Smettila e calmati immediatamente», le ho detto nel modo piú atono che potevo. E le ho cercato di nuovo gli occhi zigzagando minacciosamente con la testa intorno al suo viso perché incrociasse il mio sguardo e cogliesse la perentorietà dell'ordine.

Ha provato ad afferrare un altro piatto. Le ho stretto il polso.

«Ho detto smettila».

E finalmente si è fermata. Ha soffiato attraverso il naso come per annunciare una resa (che già sapevo finta), si è liberata dalla mia mano con uno strappo e senza dire una parola è corsa in camera da letto, ha riempito in fretta una borsa da viaggio e se n'è andata. Quel che avrei voluto fare io, se non avessi avuto l'impedimento del pigiama.

Sono tornato sul divano, ho azzerato il volume della tv e sono rimasto lí a leggere il labiale del presentatore che apriva il telegiornale della sera. Non so quant'è durata, quella specie di autoipnosi. Si perde la percezione del tempo, nella stanchezza esangue che viene dopo una lite. In un certo senso, il tempo stesso smette di esistere. Ero risollevato e depresso, ammesso che la depressione e il sollievo possano convivere. Non avevo idea di dove Alice potesse essere andata. Magari aveva chiamato un'amica che s'era offerta di ospitarla, o aveva prenotato una stanza d'albergo con un'app, oppure s'era fermata in un locale nelle vicinanze in attesa di vedermi arrivare trafelato. So fare il primo passo, non mi pesa, e lei lo sa. Ma non l'avrei fatto, non stavolta. Sapevo che presto avremmo riso di quella scenata, ma ero deciso a non fargliela passare (cosa avrebbe spaccato la prossima volta, il televisore, il microonde, uno specchio?) Cosí ho raccolto i cocci dal pavimento e li ho ammucchiati nel centrotavola a mo' di natura morta, in modo che al ritorno si trovasse davanti allo spettacolo dei suoi resti, metaforica installazione della lite che avrei voluto rimanesse lí a lungo, come un'opera d'arte involontaria.

Mi sono buttato sotto la doccia per lavare via l'inimicizia. Con l'accappatoio addosso mi sono steso sul divano abbandonandomi alla distensione del corpo ancora tiepido. Dal cellulare arrivavano dei bip, ma ho preferito non sapere. Odio i messaggi tardivi, studiati per mandare a segno colpi che non si è stati capaci di assestare nel corpo a corpo. Sono come proiettili sparati da un cecchino. Ho fatto un po' di zapping sui canali in chiaro finendo su un venditore di integratori vestito come un cretino che prometteva guarigioni sicure da malattie croniche e sono scivolato in un sonno simile a un'anestesia.

Mi sono svegliato in uno stato di agitazione convulsa, come se qualcuno mi avesse aggredito mentre dormivo. Sono scattato in piedi alzando la guardia con le braccia, tanto era forte quella sensazione d'assedio. Non riuscivo a stare fermo, continuavo a dimenarmi come un cieco che ha perso il bastone. Poi, a un tratto, è finita. Il divano, il televisore, la piantana, il centrotavola in cui avevo composto la natura morta con cocci hanno ricominciato a mostrarsi, restituendomi il senso della materia. Il mio assalitore si era dileguato, come un demone vigliacco (i demoni attaccano solo in branco, da soli gridano e scappano, isterici e capricciosi). Non avevo mai avuto un attacco di pavor nocturnus, anche se sapevo di cosa si trattava; mi è subito parso una metafora della crisi che stavamo attraversando. Sapevo cos'era quel soprassalto, quella lotta per uscire dal sonno che si avvinghiava a me come una pianta carnivora e non voleva farmi tornare alla realtà.

Mi sono seduto per calmare il respiro, poi ho recuperato il telefono. C'erano tre messaggi, uno solo di Alice. Non ho voluto leggerlo. Sono andato alla finestra, l'ho aperta e ho preso un lungo respiro, fino a farmi girare la testa. Mi sono rivestito e sono uscito. Lungo il viale poco distante da casa non c'era nessuno, solo un cane che vegliava sul sonno del padrone, avvolto in una coperta lurida nella nicchia d'ingresso di un negozio. L'aria sapeva di fumo, i lampioni stentavano a illuminare. La notte sembrava semplice.

Chissà da quanto camminavo, quando mi ha affiancato un'auto della polizia. Erano in due, un uomo e una donna. Lei al volante, lui accanto.

«Salve, – ha detto il poliziotto. – Va tutto bene?»

Doveva essere piuttosto alto, perché con la testa sfiorava il tettuccio dell'auto. Giovane, sui quaranta scarsi, mascella pronunciata, un sopracciglio che s'interrompeva a metà dell'occhio, come se gliel'avessero tranciato con una lametta.

«Buonasera, – ho risposto. – Sí, perché?»

«Posso chiederle dove sta andando?»

«Da nessuna parte, avevo solo bisogno di camminare un po'».

Ha annuito, poco convinto. La donna mi ha lanciato un'occhiata e poi s'è messa a guardare la strada davanti a sé. Il conducente di una volante guarda sempre il parabrezza, mentre il collega interroga i fermati, come volesse esibire un'indifferenza che invece è un tipo di attenzione. Ma cos'abbia da guardare in quei parabrezza, vai a capirlo.

«Dove abita?»

«Non lontano».

«Se vuole possiamo accompagnarla».

«Dove, a casa?»

«Be', direi, data l'ora».

«Sono uscito proprio per non stare a casa».

La poliziotta ha piegato la bocca in un sorriso sardonico, non capivo se per assegnarmi un punto o rilevare il sottofondo insolente della mia risposta.

«E come mai ha pensato di uscire in piena notte?» mi ha domandato Mezzo Sopracciglio.

«Insonnia».

«Hm-hm».

Siamo rimasti in silenzio. Dal lampione sopra di noi cadeva una luce sporca, una macchina procedeva lenta in direzione opposta, qua e là sull'asfalto ristagnava la pioggia del giorno prima. A un tratto ero stanco di quel dialogo che avevo visto in almeno una cinquantina di film, uno piú brutto dell'altro.

«Posso farle io una domanda?» ho detto.

«Prego».

«Perché voi poliziotti quando fermate qualcuno parlate sempre per allusioni? Non potete arrivare direttamente al punto?»

Si è scambiato uno sguardo con la collega, prima di rispondermi.

«Ma lo sa che ha ragione? Vengo al punto. Esce sempre in pigiama a quest'ora di notte?»

La donna si è voltata verso di me, stavolta senza sorridere. Un modo per rendere piú greve la domanda di Mezzo Sopracciglio. Magari negli interrogatori in questura fanno cosí: uno chiede e l'altro guarda.

«Cosa?» ho replicato cadendo dalle nuvole mentre dirigevo lo sguardo verso il basso.

«Non è un pigiama, quello?»

Era vero, dovevo essermi rimesso i pantaloni del pigiama invece di quelli di velluto per poi infilarmi le scarpe, avvolgermi nel loden e uscire.

«Dio santo, – ho detto. – Non me n'ero accorto».

E mi sono trattenuto dal sorridere per non risultare penoso.

«Quindi è uscito di fretta», ha osservato la poliziotta.

«No, – ho risposto con un'improvvisa apprensione. – Ho solo dimenticato di mettere i pantaloni».

Fino a un attimo prima ero calmo, persino un po' attaccabrighe. Adesso mi sentivo in colpa e nervoso. Ero trattenuto da una coppia di poliziotti che aveva tutto il diritto di sapere cosa ci facessi per strada a quell'ora della notte, e di sospettare delle mie risposte. Eravamo passati dal «Buonasera» al «Resti dov'è», tutto senza dirlo.

«Perché è uscito cosí tardi?» ha chiesto pacatamente Mezzo Sopracciglio, ben sapendo di rivolgermi una domanda a cui avevo già risposto.

«Gliel'ho detto, non riuscivo a dormire».

«Ci fa vedere un documento?» mi ha chiesto la donna dopo un breve silenzio.

Ho sospirato.

«Il portafoglio era nei pantaloni».

Mezzo Sopracciglio ha guardato la collega e si è stretto nelle spalle come a dirle: «Che domande fai?», ma era evidente che mi stava sfottendo. Ero indispettito dal suo atteggiamento, ma ho pensato fosse meglio cambiare tono.

«Sentite, non so cosa state pensando ma ho soltanto litigato con mia moglie. Ha spaccato dei piatti in un momento di rabbia e se n'è andata sbattendo la porta. Avevo bisogno di prendere un po' d'aria, nient'altro. Evidentemente ero agitato e nell'uscire non mi sono accorto di avere il pigiama addosso, tutto qui».

È ripiombato il silenzio. Ora Mezzo Sopracciglio e la collega mi guardavano con un sospetto piú definito. Credevo che il mio accesso di sincerità, la mia «dichiarazione spontanea», come la chiamano gli avvocati (quindi esisteranno anche dichiarazioni estorte o quantomeno procurate, cioè offerte in cambio di qualcosa: facevo anche queste congetture, lí per lí), avrebbe chiarito tutto, e invece aveva peggiorato la mia posizione, richiamando i poliziotti all'applicazione di un protocollo che – glielo leggevo in faccia – avrebbero fatto scattare di lí a un momento. Qualche minuto prima ero uno sfessato uscito in pigiama nel cuore della notte, adesso che avevo parlato di una lite coniugale, riferendo anche il dettaglio dei piatti spaccati (perché lo avevo fatto non lo so), ero sospettabile di qualcosa.

«Mi fa vedere le mani, per favore?» mi ha chiesto Mezzo Sopracciglio.

«Prego?» ho risposto. Ma avevo capito benissimo.

«Ci mostri le mani, per favore», ha ripetuto la donna.

«Non penserete mica...» ho detto.

Allora Mezzo Sopracciglio ha aperto lo sportello ed è sceso dalla macchina, come a dimostrarmi che la cosa si faceva seria. Lei ha fatto lo stesso subito dopo. Il protocollo, evidentemente. Avrei voluto dire: Ehi, ma chi credete che sia, un femminicida? State davvero facendo questa scenetta per un pigiama?

«Ecco, prego», ho detto sollevando gli avambracci e aprendo le mani come per prendere la comunione in chiesa.

Mi ha scrutato i palmi e ha annuito.

Potrei averle lavate subito dopo aver fatto a pezzi mia moglie, avrei potuto suggerirgli.

«Bruno», l'ha chiamato la collega con un tono che sapeva tanto di: Dài che l'abbiamo fatta durare anche troppo. Quindi è risalita in macchina e s'è tirata dietro lo sportello.

E cosí Mezzo Sopracciglio si chiamava Bruno.

«Okay, scusi se l'abbiamo trattenuta», ha detto Bruno tanto per dire.

«Ma le pare. È un piacere essere trattati da criminali».

«Facciamo solo il nostro lavoro».

«Ve ne siamo grati».

«Mi sta sfottendo?»

«Brunoooo», ha ripetuto la collega dall'interno della macchina, significando: Falla finita e andiamo a occuparci di cose piú serie.

Mezzo Sopracciglio avrebbe tanto voluto farmi ricordare la serata, ma il richiamo all'ordine l'ha fatto desistere.

«La prossima volta faccia piú attenzione a come si veste», mi ha detto risalendo in macchina.

Figurarsi se mi risparmiava la ramanzina di commiato.

La donna ha levato una mano dal volante per salutarmi, dandomi la precisa impressione di volersi, in quel modo, scusare.

La macchina è partita e io sono rimasto lí, sotto la luce fioca del lampione, con i pantaloni del pigiama addosso che ora mi parevano fosforescenti, sentendomi buffamente simile, non so perché, a un grosso carciofo.

E poi ho pensato a quanto avrebbe riso Alice quando le avrei raccontato quello che era successo. Perché era chiaro, e lo sapevamo tutti e due, che di motivi per lasciarci ne avevamo, ma fra questi non c'erano certo tre piatti rotti.

Pensare al domani

Non ho simpatia per i professionisti che vanno in televisione. Quelli reclutati dai talk show per fornire pareri specialistici su fatti di tendenza. Li trovo sempre un po' impostati e saccenti, interessati a promuovere le loro attività private attraverso l'esposizione televisiva. Non ho nulla contro l'autopromozione. È il presupposto, o meglio la presupponenza, del parere illuminante, del punto di vista che spazzerà via quello di tutti gli altri, la presunta superiorità dell'esperto che apre bocca a metà della discussione (e inizia quasi sempre con: «Mah, guardi» o «Ma guardi») che mi disturba. Sarà perché penso (anche se ammetto che è un pregiudizio un po' vecchio) che un bravo professionista abbia un altro passo, e non vada in televisione perché ha già un lavoro che gli occupa le giornate.

Poi una sera, gironzolando fra i canali, m'imbatto in un talk show dove parlano di «assicurazione sul matrimonio», che traduco automaticamente in «polizza sul divorzio», e mi fermo a sentire. Il conduttore introduce l'argomento con un tono volutamente ambiguo e poi si rivolge a una donna lunga e magra, sui cinquanta ben portati, che ricorda un po' Jamie Lee Curtis e indossa un dolcevita blu notte e degli orecchini asimmetrici, di cui uno pendente con una nappina a piú colori, forse Armani.

– Sapeva di un'assicurazione sul matrimonio, avvocato Deiana?

– No. Anche perché non esiste.

Il presentatore corruga le sopracciglia e butta la testa all'indietro, come reprimesse un singhiozzo. E sí che Jamie Lee Curtis con una sola battuta gli ha sabotato il titolo della trasmissione. Anche il secondo ospite in studio, un belloccio fisicato stretto in un completo slim fit scelto per mettere in mostra i suoi progressi in palestra, sembra un po' scosso dalla perentorietà della frase.

– L'assicurazione sul matrimonio è un ossimoro, – aggiunge Maria Daria Deiana, il cui nome appare adesso in sovraimpressione col sottopancia «Avvocato divorzista».

Il presentatore ripete la frase con una nota di scetticismo (sulla punta della lingua gli si legge: «Spieghiamo al pubblico cos'è un ossimoro», ma riesce a mordersela in tempo), quindi gira la domanda al personal trainer, che di lí a poco verrà sottotitolato come presidente di un'associazione di assicuratori.

– Sagace battuta, – dice quello, – alla quale sono il primo a ridere. Però mi tocca contraddire l'avvocatessa. La nostra polizza è studiata per offrire una protezione totale da tutti gli imprevisti che possano verificarsi in circostanza di matrimonio.

– Ma dice sul serio? – ribatte lei come se la replica stesse per divertirla.

– Forse dovrebbe spiegarsi meglio, – consiglia il presentatore all'ospite.

– Sto parlando degli imprevisti che possono verificarsi in caso di annullamento o di rinvio delle nozze, – risponde l'assicuratore, – come l'addebito di spese di organizzazione della cerimonia, catering, location, servizi fotografici e video, vestiario; oltre a una garanzia per responsabilità civile degli sposi per qualsiasi genere di danno eventualmente arrecato a terzi. Che implica anche un servizio di assistenza tecnica e di tutela giudiziaria di dodici mesi dalla data del matrimonio.

– Quindi, spieghiamo al pubblico che ci segue da casa, – postilla il conduttore ciondolando fra le poltrone su cui siedono i suoi ospiti, – non assicurate il matrimonio, ma gli eventi fortuiti che possono capitare nell'organizzazione del matrimonio.

L'assicuratore muove l'indice destro, come volesse completare un concetto che lui per primo non ha ben chiaro, ma l'avvocata lo precede:

– Insomma, una semplice assicurazione contro i danni. Potremmo chiamarla RC Nozze, ecco.

E il pubblico in studio ride.

– Io sarei meno sarcastico sulla responsabilità civile, avvocatessa, – replica l'assicuratore indispettito. – Anzi, tanto per completare il pacchetto, assicuriamo anche la luna di miele.

– Ah sí? Quindi se mi sposo e mio marito mi fa le corna in viaggio di nozze l'assicurazione mi risarcisce?

Altre risate.

– Lei si diverte a prendermi in giro, avvocatessa, ma mi sembrava fosse chiaro che non assicuriamo la riuscita del matrimonio. Quello che facciamo è coprire gli eventi fortuiti che possono accadere nella fase della sua preparazione e per tutto l'arco del primo anno. Lei non ha idea del danno patrimoniale che può causare anche il semplice rinvio di una festa di nozze.

– Ce l'ho, ce l'ho. Il lavoro che faccio mi ha dotata di una certa esperienza nel campo. La vostra, ripeto, e senza nulla togliere alla sua utilità, è una polizza che protegge dai rischi economici relativi alla festa di nozze, quindi rimborsa le spese (non so in che misura, credo dipenda dall'entità del premio) sostenute in caso di annullamento o di rinvio della cerimonia. Il problema è che la chiamate «assicurazione sul matrimonio», espressione abbastanza fuorviante.

– Be', – ribatte lui, – se venissi in televisione a promuovere una polizza che protegge dal rischio che un matrimonio vada male, sarei come minimo un ciarlatano.

– Non gliel'ho messo mica io il nome, alla vostra polizza.

Qualcuno in studio ride.

Interviene il conduttore, con un inquietante luccichio nell'angolo dell'occhio sinistro:

– Una polizza che coprisse l'assegno di mantenimento in caso di separazione, quella sí sarebbe un colpaccio.

Dal pubblico arrivano sparpagliati coretti di «Ooh» e «Ah, ah, ah». Nell'aria si sente l'impennata dell'audience.

– Certo sarebbe una pacchia, – dice l'avvocata Deiana. – Sa quanti si sposerebbero solo per separarsi e arraffare i soldi dell'assicurazione?

Sul viso del presentatore è svolazzata l'ombra della disillusione.

– Vi pregherei di non buttarla in macchietta, – fa l'assicuratore, piú rosaceo.

– Al contrario, il discorso è molto serio, – precisa Maria Daria Deiana perdendo ogni sfumatura di sarcasmo. – Intanto vorrei chiarire che non è mia intenzione sminuire la sua professione e men che mai la sua persona, e che trovo piú che valide le ragioni che possono indurre a scegliere una polizza come quella che ci ha illustrato, anche se in modo un po' equivoco. Quello che disapprovo è il linguaggio pubblicitario; l'idea che il fine della vendita, in questo caso la sottoscrizione di una polizza assicurativa, giustifichi l'equivoco del concetto. L'assicurazione sul matrimonio è un *aliud pro alio*, una cosa venduta in luogo di un'altra. Perché qui il punto da chiarire senza equivoci, e che va chiarito, è che non si può assicurare un matrimonio. Il matrimonio è un azzardo, una scommessa sul destino, un atto irresponsabile che in un certo momento della vita si sceglie di compiere malgrado si sia sani di mente.

– Questa dovremmo segnarcela, – commenta il presentatore rivolto al pubblico, che per poco non applaude.

– Non si può assicurare un atto irresponsabile. E tantomeno la felicità, – conclude l'avvocata Deiana. – E dico di piú: quand'anche si potesse, sarebbe sbagliato farlo.

– Ma mi pareva di essere stato chiaro, – si difende l'assicuratore. – Copriamo i rischi da annullamento o rinvio delle nozze, non risarciamo certo il fallimento di un matrimonio.

– Allora chiamatela «assicurazione sulla festa di nozze», abbiate pazienza.

Applausi.

Silenzio. L'assicuratore non ha piú niente da dire.

– E perché sarebbe sbagliato assicurare la felicità, avvocato? – interviene il conduttore. – Se per assurdo fosse possibile.

– Mi sembra ovvio: perché una felicità assicurata non sarebbe felice. Siamo felici proprio perché possiamo smettere di esserlo.

– Ma il matrimonio è anche un investimento sulla felicità, – argomenta il conduttore.

– Se lei vuole vederla cosí, prego. A me non piacciono né gli investimenti né le assicurazioni. Sono modi di capitalizzare e di proteggersi. Non hanno nulla a che fare con i sogni.

– I sogni?

– Certo. Cos'altro è un matrimonio se non un sogno? Vogliamo davvero ridurlo a un negozio giuridico? Allora torniamo al matrimonio d'interesse e facciamola finita con le ipocrisie.

Le labbra del conduttore si dischiudono. L'assicuratore scuote leggermente la testa, ma si capisce chiaramente che se gli dessero di nuovo la parola non saprebbe cosa dire. Un tipo di gestualità televisiva che nelle intenzioni di chi la pratica dovrebbe supplire alla mancanza di contenuti.

– Lei se la farebbe, un'assicurazione su un sogno? – domanda Deiana al presentatore.

Nello studio piomba un silenzio carico di ammirazione.

Poi, applausi a scena aperta.

A quel punto ho pensato: «Ecco l'avvocata che voglio».

O cosí o niente

Se c'è una colpa che mi addosso, per gli ultimi tre anni soprattutto, è di aver finto di non capire che fra noi stava finendo. Colpa, non errore. L'errore è ignorante, inesperto o distratto. La colpa sa. Sapere e permettere: quello è colpa. Ho colpa di essere scappato mentre l'amore si sfaldava. Di essere uscito per una falsa commissione lasciando che la mia assenza facesse sedimentare l'astio infelice che Alice stava maturando verso di me, quel malanimo dietro il quale non percepivo il dolore e a cui per questo reagivo con insofferenza, considerandolo ozioso e gratuitamente polemico. Ho colpa di essere tornato a casa un'ora dopo sapendo cos'era successo nel frattempo, sottraendomi allo sguardo di Alice che a sua volta non riusciva a incrociare il mio. Ho colpa di non aver urlato quando avrei dovuto, infiammando le corde vocali e sfigurandomi solo per prendermi la libertà, per una volta, di dire quello che non pensavo, per poi dichiarare: «Non pensavo quello che ho detto», cosa che dovrà pur avere una qualche utilità, se tutti la fanno. Ho colpa di non aver respinto una carezza in cui non sentivo niente di piú di un miserabile affetto. Di aver sempre scelto ciò che mi pareva giusto, pensando che nel tempo il giusto mi avrebbe ripagato. L'ha fatto, ma non mi ha reso piú felice. Non piú di quanto lo avrebbe fatto la scelta sbagliata. Ho colpa di non essere stato libero. Di aver tenuto conto di tante, troppe circostanze, assegnando a ognuna un diritto di deviazione. Ho colpa di avere aperto gli occhi nel cuore della notte, raggiunto dalla luce intermittente della tv che veniva dal soggiorno, sapendo che Alice era lí da chissà quanto tempo, incapace di prendere sonno perché il nostro amore stava finendo. Ho colpa di non essermi alzato per andare da lei a chiederle di darci una mano a vicenda, fare qualcosa, anche se non c'era piú niente che potessimo fare, ma era accanto a lei che sarei dovuto essere, anche solo per sentirmi dire: «Non è niente, torna a letto, ti raggiungo fra poco», e avrei dovuto insistere per restare pur sapendo di essere indesiderato, e dopo un po' avvicinarmi, tentare di raccoglierle i piedi fra le mani e strofinarglieli con delicatezza, come avevo fatto tante volte trovandoglieli freddi e intirizziti quando nella notte mi capitava di sfiorarli fra le lenzuola («Guarda qua, sono gelidi, è ovvio che non dormi»), e scoprire che me lo avrebbe permesso e chissà, magari sarebbe stato quel piccolo calore a farla voltare verso di me per guardarmi come non faceva piú da tanto, «Sei tu, sono io, siamo tornati» (a volte sono le minuzie dell'intimità che salvano dalla rovina), ma non l'ho fatto, sono rimasto disteso, in disparte, disturbato da quei lampi di luce che continuavano a raggiungermi da qualsiasi lato mi voltassi, erano richiami e io non li ho sentiti, ho tirato su il lenzuolo fino a coprire gli occhi, come da bambino quando avevo paura.

– Ma mi stai ascoltando?

La voce di Marco mi strattona, riportandomi cosí bruscamente alla realtà che è come se mi accorgessi solo adesso di trovarmi nel suo studio, dall'altra parte della scrivania. Da quando la mia vita sentimentale è alla deriva soffro di sbalzi di spazio. Non ricordo dove sono, ogni posto mi sembra uguale a un altro, a volte per riconoscere un ambiente devo fissare un pensile, un quadro, un portafotografie.

– Fosco!

Marco sta urlando il mio nome.

– Sí.

– Ti senti bene?

– Scusami, – dico, distendendomi le sopracciglia con le dita. – I pensieri vanno per conto loro, e io a rimorchio. Mi succede spesso ultimamente.

– Naah, eri cosí anche a scuola. Le risate che ci facevamo con Della Calce...

Vero. Al liceo avevamo questo professore di Italiano che si divertiva a prendermi in giro con la complicità della classe. Quando mi beccava con la testa fra le nuvole invitava con una smorfia i miei compagni a zittirsi, catalizzando su di me l'attenzione di tutti finché la pressione di quel silenzio non mi strappava dall'incantamento, e quando tornavo in me la classe esplodeva in una risata grassa e rumorosa a cui finivo per unirmi anch'io.

«Un giorno ce lo dirai, Donnarumma, a cos'è che pensi cosí intensamente?» mi disse una volta.

«Lasci stare, non capirebbe», risposi.

E tutti si voltarono a guardarmi.

Non so perché lo feci. Non era stato beffardo o spocchioso. Ma in quel momento, lo ricordo perfettamente, stavo affermando un principio. Rivendicavo la dignità di un mondo abitato solo da me, un mondo che stavo costruendo e in cui non volevo entrasse nessuno. Anche volendo, non avrei potuto rispondere con esattezza alla domanda del professore. Non sapevo bene cosa pensavo. Le parole che potevo collegare alle immagini che mi passavano davanti agli occhi erano imperfette, discontinue, imprecise. Ma nella mia risposta c'era, la sentivo con la definizione di un battito, una promessa. Al professor Della Calce non avevo solo detto «Non capirebbe», avevo detto «Capirà». E credo che lui, passandoci sopra, avesse colto quel sottinteso. Ma era un uomo spiritoso e si fece una risata.

– E ora che ti prende? – chiede Marco. – Di nuovo alla deriva?

Ridacchio.

– No, è che pensavo a quando gli ho detto «Non capirebbe».

Corruga la fronte, guarda nel vuoto con sospetto.
– Aah sí, come no. Dio, che ridere.
– Mi scusi, avvocato, – c'interrompe la segretaria affacciandosi dallo spiraglio della porta semichiusa.
– Sí, Monica.
– C'è sua figlia al telefono, posso passargliela?
– Mia figlia? E non poteva chiamarmi al cellulare?
– Dice che è staccato.
– Ah sí, è vero.

Mentre Marco parla con sua figlia mi guardo intorno, annuendo a ogni corrispondenza che trovo fra l'arredo dello studio e il carattere del mio vecchio amico. Conferme, piú che corrispondenze. Non c'è un oggetto fuori posto, un codice squadernato, una cicca in un posacenere, un filo di polvere che s'intraveda sul bordo di una cornice o sulla costa di un libro. Tutto è essenziale, studiato per essere appena sufficiente. Sulla scrivania Le Corbusier non c'è quasi nulla, a parte un MacBook ultrasottile, una vecchia lampada disegnata da Sottsass per Olivetti (mio nonno ce l'aveva uguale, chissà che fine ha fatto, le famiglie sono piene di ladri), un sottomano con la base d'alluminio, un bloc-notes e un barattolo antico di pelle decorato da una stampa pubblicitaria di un vecchio sapone con dentro una Bic blu, che mi pare la vera chicca di ricercatezza della postazione di lavoro. Su una mensola d'acciaio alle spalle della poltrona ergonomica campeggia uno sketchbook di H. Craig Hanna aperto su uno schizzo ruotato di 90° che raffigura la facciata del capannone di un campo di prigionia, in basso la scritta a pennarello «Primo Levi is God». Le due ali del libro sono tenute ferme da mollette per i panni.

Nonostante la nostra amicizia abbia quasi quarant'anni sono venuto qui poche volte, e mai avrei pensato di tornarci per affidare al mio compagno di banco l'incarico della mia separazione. Questo studio gli assomiglia come un cane al padrone. Magro, una leggera indolenza nel muoversi, le palpebre un po' gonfie per via di una blefarite di cui soffre da sempre e che tuttavia ben si adattano alle cavità del suo viso rendendolo vagamente simile a un procione, Marco Barbirotti è il tipo d'uomo atipicamente bello che quando entra in un locale fa voltare molte teste. Negli occhi di chi lo guarda leggi subito quella leggera (e non del tutto spiacevole) soggezione di chi di riflesso si sente anonimo, ovvio, finanche sorpassato, come se quel tipo dinoccolato e un po' trasandato fosse già in un futuro che ti è passato accanto senza che te ne accorgessi, e da cui ora ti senti escluso. Porta i capelli molto lunghi, li stringe in una coda solo quando pranza, e non ho mai capito come facciano a stargli cosí bene, visto che non li pettina mai. Indossa completi appena abbondanti su magliette di cotone di colori diversi, mai la cravatta. Gesticola come se dirigesse con una bacchetta le parole che sceglie per esprimersi, e ne sceglie pochissime. Ascolta senza interrompere, guarda sempre l'altro negli occhi e quando viene il suo turno inchioda l'argomento con un concetto asciutto e sincopato, risultando cosí due volte convincente. In udienza è molto abile, ma credo che la fama di cui gode dipenda soprattutto dal suo look. Piú che un avvocato sembra un designer. Inutile dire che nutro un'invidia oscena per la sua eleganza.

– Non ho capito cosa t'impedisce di prendere un taxi e per quale oscuro motivo dovrei venire a prenderti quando sai bene che per arrivare all'aeroporto mi serve almeno un'ora, il che significa annullare tutti gli appuntamenti del pomeriggio, – dice a sua figlia, che dall'altro capo del telefono gli risponde con un tono al tempo stesso aggressivo e lamentoso che riconosco da qui.

Marco ascolta senza interrompere, si porta una mano al fianco, guarda il soffitto, inspira, espira attraverso il naso (è sempre dal naso che si butta fuori l'aria quando si sopporta qualcosa) e si arrende.

– Va bene, che ti devo dire. Vengo. Mandami un WhatsApp con l'ora di arrivo.

Chiude la telefonata, si butta all'indietro sullo schienale, si arruffa i capelli con due manate come per un bisogno nevrotico d'ingarbugliare ulteriormente una situazione complicata che non sa piú da dove prendere e cosí la scompiglia, la scempia, quasi per il gusto di rovinarla in modo irreparabile.

Sollevo le sopracciglia e le rilascio, non sapendo cosa dire a commento di quel diverbio che, è chiaro, lo addolora piú che irritarlo, oppure lo addolora proprio perché lo irrita. Poi riprendo la contemplazione dell'arredamento.

– Ma si può sapere che hai da guardarti intorno in quel modo? È un quarto d'ora che mi scruti la stanza, – dice sciogliendo l'amarezza dell'alterco con la figlia nel tono giocoso dell'amicizia che rassicura e semplifica (ed è come un passaggio di stato, un effetto placebo che subito lo calma, divertendolo). – Devi compilare un verbale di pignoramento?

– Stavo solo pensando a quanto questo posto ti assomiglia.

– Me lo diceva sempre anche Gloria, – annota con una punta di rammarico.

Non ribatto, aspettando che si spieghi.

– È una delle ragioni per cui mi ha lasciato.

– Perché somigli al tuo studio?

– Di piú. Perché a sentire lei faccio somigliare a me tutto quello che mi sta intorno.

– È possibile. Sei sempre stato il tipo che tira le cose a sé. È un bene, no?

– All'inizio. Poi la mia vicinanza diventa un problema, evidentemente, visto che mi lasciano.

– Ma falla finita. Hai avuto donne meravigliose, a cominciare da tua moglie.

– È stata la prima a lasciarmi, se ben ricordi. Poi Ada. Cinque anni di convivenza finiti da un giorno all'altro.

– Dovremmo attribuire al tuo carisma i tuoi fallimenti sentimentali?

– Sai quanto me ne frega del mio carisma. Ho qualcosa di sbagliato, questo è certo, ma non so cosa.

Restiamo in silenzio rimbalzando insieme sulla sua frase, che sembra fargli l'effetto di una rivelazione. Quelle intuizioni elementari che non risolvono il problema, lo spostano; ma in quella deviazione c'è una schiarita, e pensi che se la imbocchi sbroglierai la matassa. Quante volte ho pensato anch'io la stessa cosa, nei giorni in cui non riuscivo piú a leggere i segni della nostra crisi? Quante volte mi sono chiesto cosa, nel mio modo di parlare, di rivelare o tradire un sentimento con un'espressione del viso, abbia irritato mia moglie nell'intimo, rendendomi odioso al pari di un qualsiasi estraneo che le avesse mancato di rispetto, un negoziante maleducato, un coatto che ti taglia la strada o ti ruba il posto in un parcheggio e non contento t'insulta pure dall'abitacolo (gli leggi chiaramente l'imprecazione sulle labbra, tanto piú offensiva perché ha torto e lo sa), un furbetto che cerca di scavalcarti in una fila? Le volte in cui diventiamo insopportabili con chi ci vuol bene, quando riconosciamo nei loro occhi il lampo dell'antipatia e dell'astio, la voglia che avrebbero di prenderci a schiaffi (come la sera in cui Alice ha spaccato i piatti sul pavimento) repressa in una smorfia di rabbia che non dimentichiamo piú (perché mai avremmo voluto vedere quell'espressione che ha sfigurato anche solo per un attimo il viso di chi amiamo), quanto contano nel precipitare degli eventi che portano alla separazione? Quanto pesano? Sarebbe andata diversamente se avessimo lavorato un po' sulla nostra faccia? Se avessimo controllato il movimento delle sopracciglia, o frenato un sorriso nell'angolo della bocca?

– Tua moglie s'è presa Maria Daria Deiana, – cambia discorso Marco venendo a noi.

– E chi è?

– Una divorzista di punta. Tu non guardi la televisione ma ci va spesso come opinionista.

– La cosa dovrebbe spaventarmi?

– Ti stavo solo dando la notizia.
– Spaventa te?
– Neanche un po'.
– Mi sorprende che Alice abbia scelto un'avvocatessa trendy.
– L'ho pensato anch'io, conoscendola. Vero è che la Deiana, fra i colleghi avvezzi alla tv, è quella piú stacanovista nel lavoro.
– Cioè?
– È una dura. Una che picchia.
– La conosci?
– Come no. Ero parte civile in una causa dove difendeva un chirurgo plastico, un paio d'anni fa.
– E?
– Ha perso, ma si è battuta come una tigre. Non ci ho mai avuto a che fare in una separazione, ma so che nel campo è molto efficace.
– E allora?
– E allora niente. O meglio, devi dirmi tu cosa vuoi che faccia.
– Cosa voglio che tu faccia?
– Stiamo parlando di Alice, Fosco. La Deiana è una che attacca a testa bassa. Quando ci darà addosso vuoi che risponda al fuoco?
– No.
– Come pensavo.
Prende la Bic dal portapenne, se la rigira fra le dita. Avrei voglia di prendergliela dalle mani e farlo anch'io.
– Quindi quella storia non mi autorizzi a tirarla fuori?
Lo guardo.
– Ma che domanda è? – gli chiedo.
– Dovevo fartela.
Se c'è una cosa, in tema di separazione, che non ho mai capito, è perché uno dovrebbe dare i suoi fatti piú intimi in pasto a un perfetto sconosciuto, attribuendogli il potere di decidere chi ha ragione e chi ha torto, ammesso che

ragione e torto esistano e si possano addirittura quantificare, stabilendo pure la misura della ripartizione fra i coniugi. Finché si tratta di redigere un atto congiunto, già predisposto e concordato nei dettagli, che un magistrato si limita a ratificare come farebbe un impiegato amministrativo di un qualsiasi ufficio, è un conto. Ma l'idea che un signore mai visto prima faccia apprezzamenti sulla moralità di due coniugi, e che siano proprio loro, o uno dei due (quello che rivendica un'onta da lavare), a conferirgli quella specifica discrezionalità per uscirne vittorioso, la trovo una convenzione incivile, frutto di una mentalità inquisitoria e retrograda che riconosce al pettegolezzo (perché poi di questo si tratta) l'autorità del giudicato.

Nell'ultimo anno coglievo il disagio di Alice nel mentirmi. La frustrazione. Il senso di colpa. So come succede, come ci si sente. E avrei voluto dirglielo: Esci dall'imbarazzo, fa' quel che credi, non siamo dei ragazzini, non dirmi bugie e nemmeno la verità (non so in questi casi quale delle due categorie sia peggiore dell'altra), vado via per un po', chiamami quando passerà questo tempo di cui hai bisogno e faremo i conti con quello che saremo diventati allora. Invece sono rimasto dov'ero, ancora una volta colpevole e inerte, limitandomi a vagare per le strade sapendo che in quelle ore Alice coltivava il suo distacco da me.

– Va bene, me l'hai fatta: non se ne parla neanche, – confermo.

– Quindi mi tengo sul passivo-aggressivo?

– Passivo e basta.

– Una parola in tua difesa potrò dirla?

– Difesa da cosa?

Scolla le labbra, disegna un semicerchio nell'aria con la testa e torna a guardarmi con gli occhi a mezz'asta.

– Cominci a rompermi i coglioni, Fosco. Devo essere il tuo avvocato, giusto? Gli avvocati, forse la notizia ti è giunta, *difendono* le persone che assistono. Si dice cosí, è una vecchia abitudine.

– Limitati al minimo indispensabile.

– E la casa?

– È sua.

Solleva il sopracciglio sinistro. Solo quello. L'altro resta immobile, chissà come fa.

– Fingo di non aver sentito.

– È sua, – ripeto.

– Capito.

Ci prendiamo una piccola pausa.

– Ne avete anche un'altra, se ben ricordo.

– È di Cristiano.

– Mi avevi detto che è a Pavia a studiare.

– È cosí. Ma non voglio occupargli la casa lo stesso.

– Allora dove andrai a stare?

– Me ne occuperò quando sarà il momento.

Sospira.

– Posso ricordarti che ad Alice non devi niente, che ha un lavoro, e che la casa l'hai comprata tu?

– Come se non lo sapessi.

– Allora perché non prendi in considerazione anche la possibilità che sia tua moglie a trovarsi un posto dove stare?

– Perché l'idea di rimanere solo in quella casa mi deprime. A proposito, se sai di un trilocale in affitto...

– Guarda che capita di restare soli, Fosco, – argomenta glissando sulla mia domanda. – Per tanti motivi, anche piú gravi di una separazione. Ci si adatta.

Il giorno in cui mi deciderò ad annotare le categorie retoriche che piú detesto, quella dell'adattamento sarà tra le prime, se non altro in ordine alfabetico. Tanti anni fa, sul balconcino di un ammezzato a pochi passi da casa mia, vedevo sempre un pastore tedesco. Lo tenevano lí di guardia, soprattutto quando uscivano. Ci entrava appena, lí dentro; sembrava allevato in batteria. Non li ho mai dimenticati, gli occhi spenti di quel cane. Si era adattato.

– Io non voglio adattarmi a niente, – replico con una punta d'irritazione che Marco registra senza spiegarsi.

– Perché non ti avvali direttamente della facoltà di non rispondermi, cosí facciamo prima? A ogni cosa che ti dico reagisci con un'arrendevolezza scontrosa, e tra l'altro non so come fai, perché dev'essere faticosissimo tenere insieme arrendevolezza e scontrosità.

– Hai ragione, scusa. È che non ne ho voglia.

– Non ne hai voglia? Come non ne hai voglia? Non ti hanno mica offerto un gelato.

– È lei che ha preso l'iniziativa, – rispondo mentre penso: Bella, questa del gelato.

– Avrà pure il diritto di separarsi da te.

– E chi lo nega. Solo non vedo la necessità di farlo con le carte da bollo, gli avvocati, le udienze e tutta quella trafila miserabile. Senza offesa, eh.

– Prova a vederla cosí: c'è chi ama dedicarsi ai preparativi dei matrimoni e chi a quelli delle separazioni. Sono due celebrazioni opposte ma in fondo uguali.

– Quindi parliamo di organizzazione di eventi, giusto? Ci sono delle agenzie specializzate, per questo.

Non replica. Intreccia le dita, porta le mani all'altezza del viso, si passa le punte dei pollici avanti e indietro sulle labbra; poi si alza, va alla finestra, si scompiglia di nuovo i capelli.

– A me pare evidente che non vuoi separarti, Fosco.

– Non voglio separarmi *cosí.*

– Non è che ci siano altri modi.

Sospiro. Non ho mai sopportato la logica ricattatoria degli aut aut. È la soluzione semplificata di chi non sa risolvere i problemi.

– Io, tra l'*o cosí o niente*, scelgo sempre il niente.

Restiamo in silenzio.

– Sai qual è il problema, Fosco? – mi chiede dopo un po', continuando a guardare fuori dalla finestra.

Non rispondo.

– Che hai ragione.

TRIBUNALE CIVILE DI ***
RICORSO PER SEPARAZIONE GIUDIZIALE DEI CONIUGI

All'Ill.mo Presidente

La Sig.ra Contarelli Alice, nata a *** il ***, residente in ***, C.F. ***, rappresentata e difesa dall'Avv. Maria Daria Deiana, presso la quale elettivamente domicilia in *** in virtú di mandato in calce al presente atto e sempre presso la quale dichiara di voler ricevere, ex artt. 133, 134, 176 c.p.c., le comunicazioni di rito tramite l'indirizzo Pec ***

PREMESSO

- che la Ricorrente, in data ***, contraeva matrimonio civile con il Sig. Donnarumma Fosco, nato a *** il ***, C.F. ***; trascritto nei registri di stato civile del Comune di ***;

- che con dichiarazione inclusa nell'atto di matrimonio i suddetti sceglievano il regime di separazione dei beni;

- che dall'unione è nato il figlio Cristiano, C.F. ***, oggi studente presso l'Università di Pavia;

- che il rapporto coniugale, partito all'insegna dei migliori auspici, dopo un iniziale periodo di concordia e di serenità è andato successivamente e progressivamente incrinandosi fino a rendere intollerabile la prosecuzione della convivenza a causa del colpevole disinteresse del Sig. Donnarumma alle esigenze affettive dell'Istante, sempre piú stanca della passività del coniuge, abituato a dare per scontata la sua presenza nello statico protocollo della sua giornata, fatta di rigide abitudini e dedizione al lavoro al limite del maniacale, con conseguente deterioramento del conio sentimentale che dovrebbe sottendere a ogni matrimonio che aspiri a resistere alle intemperie della vita, di fatto sposando, invece che la moglie ogni giorno, la pratica della rassegnazione e del disimpegno affettivo;

– che il Sig. Donnarumma, scrittore di consolidato successo, pur non avendo mai brillato in spirito d'iniziativa, se nei primi anni di matrimonio si lasciava almeno coinvolgere nei progetti comuni proposti dalla moglie, cui delegava l'organizzazione di viaggi e altre attività di svago e cura degli interessi culturali comuni finalizzati alla manutenzione dell'intimità e della complicità di coppia, da diverso tempo manifestava una palese svogliatezza e una totale mancanza di collaborazione, spegnendo ogni entusiasmo nella consorte e di fatto lasciando che la stessa maturasse nei suoi confronti una distanza divenuta, col tempo, incolmabile;

– che la Sig.ra Contarelli, non trovando nel coniuge alcuna sponda per la ricostruzione di un rapporto che andava sempre piú alla deriva, ha finalmente iniziato a concentrarsi su se stessa, i propri desideri e le proprie ambizioni, riscoprendo una quantità di interessi che aveva trascurato per dedicarsi in via esclusiva al figlio Cristiano e, in particolare, al Sig. Donnarumma, poco incline a occuparsi del quotidiano familiare e abituato a demandare alla moglie la gestione della vita domestica;

– che la Sig.ra Contarelli accusa da tempo patologie ricorrenti e indicative di una condizione di depressione crescente, quali insonnia, inappetenza, attacchi di panico, ansia costante, tutte ascrivibili alla sua insoddisfazione matrimoniale e in relazione alle quali si riserva di chiedere adeguata perizia clinica;

– che la predetta ha piú volte fatto presente al marito le sue preoccupazioni circa il peggioramento delle suddescritte condizioni psicologiche, trovandosi però sempre davanti la barriera di un atteggiamento svalutativo e ridimensionatorio da parte del coniuge stesso;

- che la Ricorrente, di professione medico, pur comproprietaria dell'immobile sito in ***, dove tuttora convive con il Sig. Donnarumma, percepisce un reddito annuale pari a euro ***, certamente insufficiente a garantirle un adeguato tenore di vita, mentre il Sig. Donnarumma ha un reddito di almeno euro *** annui, come attestato dalle dichiarazioni dei redditi relative alle annualità ***;

TUTTO CIÒ PREMESSO E RITENUTO CHE

- tra i coniugi è venuta meno la comunione di intenti e l'affectio maritalis fondativa del rapporto matrimoniale;
- l'intollerabilità della convivenza esclude la possibilità di addivenire a una separazione consensuale;

la Sig.ra Contarelli Alice, come sopra rappresentata, domiciliata e difesa, volendo addivenire a separazione personale con addebito al Sig. Donnarumma Fosco per gravi violazioni dei doveri nascenti dal matrimonio

RICORRE

alla S. V. Ill.ma affinché, ex art. 706 c.p.c., voglia fissare l'udienza di comparizione dei predetti coniugi innanzi a sé per esperire il tentativo di conciliazione ed ivi emettere, in caso di fallimento del tentativo medesimo, gli opportuni provvedimenti temporanei e urgenti che ritenga di adottare e dunque rimettere le parti innanzi al Giudice Istruttore che verrà nominato per la prosecuzione del giudizio a che il Tribunale, disattesa ogni contraria istanza, voglia accogliere le seguenti

CONCLUSIONI

– autorizzare i coniugi a vivere separati, libero ognuno di fissare ove ritenga la propria residenza;

– ordinare al Sig. Donnarumma Fosco di lasciare la casa coniugale entro e non oltre giorni dieci dalla data dell'udienza presidenziale di comparizione dei coniugi portando via con sé i propri effetti personali e quanto gli appartenga in proprietà;

– pronunciare la separazione personale dei predetti coniugi per fatto addebitabile al Sig. Donnarumma Fosco ex artt. 143 e 147 c.p.c.;

– stabilire tempi e modalità della permanenza del figlio Cristiano, non ancora economicamente indipendente, presso l'abitazione della Sig.ra Contarelli Alice e di quella in cui il Sig. Donnarumma Fosco stabilirà il domicilio una volta lasciato il tetto coniugale;

– porre a carico del Sig. Donnarumma Fosco l'obbligo di corrispondere alla Ricorrente un congruo assegno mensile, comunque non inferiore a euro ***.

Con vittoria di spese, diritti e onorari, oltre a rimborso forfettario di 12,5%, Iva e Cpa come per legge.

In via istruttoria, chiede altresí d'essere ammessa a provare tramite testimonianza del figlio Cristiano le seguenti circostanze:

«Vero che la Sig.ra Alice Contarelli accusa disturbi psicologici quali insonnia, ansia, panico, pavor nocturnus e depressione dovuti all'atmosfera conflittuale stagnante in famiglia e segnatamente alla distanza maturata nei suoi confronti dal Sig. Donnarumma».

Si producono:

– procura alle liti;

– estratto per sunto dell'atto di matrimonio;

– stato di famiglia e certificato di residenza dei coniugi;
– copia della dichiarazione dei redditi degli ultimi tre anni.

Dichiarazione di valore: ai sensi del DPR 115/2002 e successive modifiche, il valore della presente causa è indeterminabile e sconta un contributo unificato fisso di euro 98.

Con osservanza.

Avv. Maria Daria Deiana

Facsimili

Non immaginavo di leggere un atto simile. Cioè, non so neanche cosa immaginavo di leggere, esattamente. Non questo ricorso, comunque. Che poi già il termine, a pensarci bene, è irritante. Perché ricorrere è infantile. Ricorre alla maestra il bambino che subisce un torto dal compagno di banco. Non sa risolvere il diverbio da sé (non è all'altezza del conflitto o vuole solo averla vinta) e si rivolge all'autorità: chiede aiuto o denuncia (il secondo è il modo delle spie). Certo, anche noi adulti ricorriamo. Al dottore, se abbiamo un dolore che non sappiamo interpretare. Al vigile, se un tizio lascia la macchina in doppia fila, magari con le quattro frecce accese, impedendoci di uscire dal parcheggio. Al direttore del negozio, se riscontriamo un difetto nella merce comprata e il commesso si stringe nelle spalle. In fondo, si tratta di affidare a qualcun altro un problema che non sappiamo risolvere da soli. Quello che sto facendo io con la mia separazione ricorrendo a un giudice. Per di piú attraverso un intermediario, visto che mi affido a un professionista perché ricorra per me. Quindi ricorro due volte, all'avvocata e al magistrato. Mando avanti loro, che recitano al mio posto. Non sono protagonista né comparsa e non ho scritto neanche il copione, ho dato un brogliaccio all'avvocata, che l'ha scritto per me.

Santo Dio, sembro Fosco. Lui e la sua ossessione di spaccare le parole in quattro come capelli.

Piantala, Alice. Stai seguendo una procedura di legge: è cosí che si fa. S'incarica un legale che prepara gli atti e si va davanti a un giudice che decide. Tutto qui. Non è difficile, né eclatante. E non siete certo i primi a separarvi.

Allora perché fai resistenza? Perché hai chiamato Maria Daria Deiana per dirle di aspettare?

«Aspettare cosa?» ha detto lei. E io non ho saputo rispondere. Il tono era già contrariato.

«Il ricorso è già stato presentato, e stamattina ho pure parlato al telefono con il collega che assiste tuo marito», ha aggiunto.

«Ah», ho risposto. Sentivo una violenta perdita d'interesse per il meccanismo giudiziario che avevo innescato e che, ora lo vedevo con chiarezza, stava girando per conto suo. Ci saremmo lasciati, tutto lí. Io sarei rimasta nella nostra casa, Fosco ne avrebbe trovata un'altra (probabilmente un appartamento in coaffitto: a lui piacciono le stanze, non le case); Cristiano, nei rientri da Pavia, sarebbe venuto un po' da me e un po' da lui. Ci saremmo sfaldati cosí, in modalità vagamente neorealista.

«Alice?» ha detto l'avvocata Deiana. Ero stata in silenzio cosí a lungo che doveva aver pensato che fosse caduta la linea.

«Sí».

«Hai cambiato idea?» ha chiesto, piú comprensiva.

«Non credo. Non mi sembra. No».

«Hai parlato con Fosco?»

«No. Dei dettagli della separazione non abbiamo mai discusso. Anche perché non mi sembra che gli interessino piú di tanto».

È seguito un altro silenzio, dopo il quale Maria Daria ha virato su un altro argomento centrando il punto.

«Nel ricorso ho cercato, per quel poco che mi era possibile, di rappresentare il tuo disagio».

«Sí, ho letto», ho replicato, tradendo la mia insoddisfazione. Allora lei ha lasciato andare un piccolo sospiro e mi è venuta incontro.

«So cosa pensi. È una scrittura dozzinale. Riassuntiva. Riduttiva. Mortificante, per certi versi. Ci sono passata anch'io, so come ci si sente chiusi in un facsimile, ho scelto di fare l'avvocato per questo. Ma è un atto giudiziario, mirato a un obiettivo preciso e scritto per un solo lettore. Capito? Non per molti, e nemmeno per pochi: uno solo. E credimi, trattandosi di un ricorso abbiamo detto già tanto».

Vero, ho pensato. Un testo scritto per un solo lettore non dev'essere comprensibile a tutti. Alla fine è un atto riservato, quindi che sia scritto in modo cosí protocollare non dovrebbe farmi sentire sminuita, come di certo mi sentirei se potesse leggerlo chiunque. Perché scrivere in maniera comprensibile serve a rendere giustizia alle cose successe, o almeno alle storie. A me, il racconto-facsimile della mia storia con Fosco diretto al lettore unico potrebbe anche andar bene, ma c'è un problema: a leggere il ricorso non è solo il giudice, sono anch'io. E a me questa scrittura da formulario non piace. Mi viene da rispondere come il figlio di Luca Cupiello con la nenia del presepe: «Te piace 'o presepe?», «No».

«Lo so, – ho risposto per rassicurarla, – non volevo sminuire il tuo lavoro. Mi scuso se ti ho dato questa impressione».

«Non devi. Se sei venuta da me è perché sai che a differenza di altri do molta importanza al dolore, e voglio che se ne parli il piú possibile, soprattutto nelle aule di udienza».

Non ho saputo cosa dire. Anche perché quel selfie mi aveva lasciato un po' cosí.

«E comunque ti ricordo che hai voluto la giudiziale».

«Scusa?»

«Dicevo: ti ricordo che hai voluto la giudiziale».

«E allora?»

«E allora, se fai una separazione giudiziale devi alzare i toni. Se no scegli la consensuale. E possiamo convertire l'una nell'altra anche in sede di giudiziale, come credo di averti detto».

«Non se ne parla neanche», ho risposto con la perentorietà dell'ordine, tanto che Maria Daria s'è presa qualche secondo prima di replicare.

«Questa drasticità, devo dirtelo, non l'ho ancora capita».

«No? A me sembra semplicissima».

«Mica tanto. Sei insoddisfatta dalla schematicità del ricorso che abbiamo presentato, ma rifiuti anche solo l'idea di concordarne uno che ti vada a genio».

«È che non credo che ci si possa lasciare di comune accordo, tutto qui. Non ci ho mai creduto, fin da ragazza. Quando un fidanzato me lo proponeva, e cercava di rifilarmi una di quelle frasi di circostanza tipo "Prendiamoci una pausa di riflessione", lo lasciavo seduta stante, anche se magari era proprio quello che voleva».

«Non vedo cosa c'entri, – ha ribattuto ridacchiando, – ma piú o meno ho capito».

«È che vorrei scrivere un po' meglio i titoli di coda di una vita insieme, ecco tutto».

Qui c'è rimasta. E anch'io ho avuto l'impressione che fosse successo qualcosa.

«I titoli di coda...?» ha chiesto.

«... di una vita insieme», ho completato.

Altra pausa.

«Ti dispiace se la uso in qualche conferenza, questa?»

«Oh, figurati».

«La trovo bellissima».

«In effetti suona bene».

«Comunque, tornando alla nostra giudiziale, in udienza potremo dire molto di piú».

«Ah sí?»

«Be', certo non devi aspettarti una terapia di coppia. Saremo seduti davanti a un magistrato che scorrerà velocemente le carte e forse non ci guarderà neanche in faccia mentre gli esporremo le nostre ragioni».

«Che bel programma».

«Ora mettiti tranquilla. C'è tempo prima che si fissi l'udienza. Non devi separarti solo perché abbiamo presentato il ricorso. E poi lo sai che il giudice è tenuto al tentativo di conciliazione».

«Ma figurati se vado a dargli una soddisfazione del genere».

È scoppiata in una risata cosí forte che ho dovuto allontanare il telefono dall'orecchio.

Bruciare

– Tendiamo a sottovalutarle, le cose. Le cose in senso oggettivo, non metaforico. Le cose che ci stanno intorno, che teniamo in casa, che portiamo addosso. Le cose che arredano, decorano, servono. Le cose che compriamo, conserviamo, regaliamo. Le cose che ci arrivano dagli altri. Un quadro. La stilografica del nonno. Una vecchia Olivetti. La Lettera 22, se la ricorda, presidente? Quella con la custodia morbida con la cerniera lampo. Io ne conservo una. Apparteneva a mio padre.

Marco comincia cosí la sua arringa. Un'introduzione che sembra partire dal seguito, omettendo una premessa che non c'è stata. L'avvocato di parte civile e il pubblico ministero accusano un'iniziale vertigine logica, poi quasi nello stesso momento allungano il collo, come per chiedergli conto di quella premessa nostalgica. Marco prende un respiro, porta le mani alle spalle e si pizzica la toga alle due estremità, per sollevarsela appena di dosso e poi lasciarla ricadere con un lieve tocco di sciatteria, come fosse insofferente all'abito di scena.

Dallo scranno dei giudici, il presidente annuisce senza convinzione. Il giudice a latere, una donna sulla cinquantina con una macchia violacea fra il mento e l'angolo destro della bocca, probabile conseguenza di un'antica ustione, increspa le labbra in un sorriso nostalgico. La Lettera 22 le avrà rispolverato un ricordo.

– La seguo, avvocato. Venga al punto, – taglia corto il presidente con un'impazienza che sento subito manierata, come di chi per prassi, o piú ancora per costume, ci tenga a mostrarsi poco incline a perdere tempo. Come a dire: gli avvocati sono dei chiacchieroni che la prendono alla lontana per mancanza di argomenti, incitarli a stringere serve a ricordargli chi comanda.

Marco, come mi aspettavo, ignora l'interruzione e continua a prendersi il tempo che vuole, come un attore di lungo corso che sente un rumore molesto venire dalle quinte e lo archivia con un battito di ciglia.

– Pensiamo che gli oggetti siano fungibili. Che se una cosa si rompe possiamo sostituirla con un'altra, ma non è cosí. Le nature morte che abbiamo in casa contengono memoria. Nessuna è uguale all'altra. Stanno lí, alla faccia del tempo, delle nascite, delle morti, delle separazioni, dei figli che crescono e diventano uomini e donne. Noi andiamo, veniamo, usciamo, rientriamo; e loro restano dove le abbiamo messe. Sanno tutto.

Il presidente corruga la fronte, ma un'inattesa lucina gli brilla nell'angolo dell'occhio. Qualcosa nelle parole di Marco deve avergli fatto balenare un'immagine rimossa, la memoria di una perdita che ora, nell'appuntirsi verso di lui, cerca di afferrare, come un moscerino immaginario che svolazza tra le frasi.

– Io preferisco le case vuote, perché quando torno nel posto dove abito voglio che la mente riposi. E gli oggetti me lo impediscono. Ogni oggetto mi ricorda qualcosa. Ogni cosa è un pensiero. Le cose, signori giudici, *esistono*. Sono affetti. Rimorsi. Oppure promesse, il piú delle volte non mantenute.

Si ferma, porta le mani alla testa, afferra ciocche di capelli a casaccio, le lascia andare e quelle gli ricadono sul viso e sulle spalle come foglie di un salice piangente, in un disordine inspiegabilmente armonico. Per un momento ho l'impressione che l'aula tutta si raccolga in un'invidia solidale per il fascino che traspare da quel gesto.

– Capita, ogni tanto, che ci cada l'occhio su una cosa che non ricordavamo di avere, che magari ci appare all'improvviso riaprendo un cassetto. Allora ci sembra di averla trascurata e tentiamo di rimediare. La tiriamo fuori di lí, le facciamo posto su uno scaffale, la spolveriamo, le diamo lucentezza.

Il giudice a latere sorride ancora, stavolta con mestizia. Osservandola mi trovo a pensare che le persone devi conquistarle, per convincerle.

– Ora. Immaginate di custodire un orologio, regalato da qualcuno che amavate. Sono passati gli anni, la vita s'è portata via tutto. Vi era rimasto quell'orologio. Piú che un oggetto un simbolo. Un simbolo che diceva: ho avuto un posto nel cuore di un altro. Perché una sola cosa vogliamo, arrivati alle sette di sera della vita: sapere che qualcuno ci ha amati.

Il presidente annuisce con una spontaneità di cui si pente subito, tanto che rincula di testa nel realizzare di avergli dato soddisfazione. E non sia mai che.

– Domandatevi allora cosa deve aver provato la mia assistita nello scoprire che il marito le aveva portato via l'orologio, uno dei pochi regali ricevuti da lui, quello a cui teneva di piú. Un piccolo Omega, neanche tanto costoso, l'unico oggetto che le ricordava di essere stata felice, e di essere stata amata, tanto tempo prima. Va bene, il matrimonio era finito da un pezzo, il pubblico ministero ci ha spiegato come funziona: gli anni svuotano le promesse, svalutano i doni. Dimentichiamo il prezzo di ciò che abbiamo comprato e le rinunce fatte per comprarlo, solo per la gioia di veder felice la persona amata. Scatta quello che il collega di parte civile ha definito con una brillante intuizione «l'effetto retroattivo del tempo», – qui si volta verso l'avvocato avversario, che conferma la paternità della metafora con un cenno del capo, – e può accadere che ci si riprenda un regalo in buona fede. Non s'era piú visto, nessuno l'ha cercato e men che mai è riapparso al polso di mia moglie, in un certo senso aveva smesso di esistere, che male faccio a riappropriarmene? Certo, potrei dirglielo, anzi dovrei, ma non ci parliamo piú da anni, mi risponderebbe con un'alzata di spalle e due stoccate: Ma che vai a pensare, credi che m'importi di un orologio? Riprenditelo e fanne quel che vuoi, vendilo, buttalo via, regalalo all'amante, se ne hai una. È il tema dell'accusa: riprendersi un regalo non è un atto encomiabile, ma non è cosí grave da giustificare un incendio. Perché è questo che ha fatto la mia cliente quando ha realizzato che l'orologio era sparito: non ha chiesto spiegazioni al marito, non ha voluto sapere a chi lo avesse dato. Ha avuto un solo impulso: bruciare. Bruciare tutto. Che vada a fuoco la casa con tutto quello che c'è dentro e tutto quello che è stato. Che s'incenerisca ogni stanza, ogni mobile, ogni suppellettile, ogni quadro, ogni lampada, ogni libro, ogni abito, che il fuoco invada gli armadi e i cassetti e divampi nella biancheria, che piú nulla di quello che avevamo si salvi e rimanga, che tutto scompaia e finisca per sempre e non ne resti piú traccia.

Il PM e la parte civile guardano Marco un po' confusi, trovando conferma delle loro ragioni nelle sue parole, domandandosi a cosa miri quell'ammissione dei fatti che sembra portare dritta alla condanna. Senza ancora capire che Marco gli è andato piú vicino, ma per mangiarseli meglio.

– Chi piú di voi, onorevoli giudici, sa quanto sia facile giudicare un atto in sé. E quanto sia sbagliato farlo. Quando uno sente: «Incendio», tutto quello che vuole sapere è chi è stato ad appiccarlo. E condannarlo senza sconti, senza indulgenze. C'è un fuoco, non sto a pensarci, lo spengo. E vada in galera chi l'ha acceso. Ma noi siamo qui per superare l'atto in sé. Per sapere da dove viene, cosa lo precede, lo produce. Siamo qui per violare la legge, se necessario. Perché conta la giustizia, non la legge. Siamo qui per chiederci se si possa dar fuoco a una casa per un orologio. Si può, se pensiamo che le cose esistono. Perché le cose contengono speranze, affetti, rimorsi. O promesse, il piú delle volte non mantenute.

I giudici si voltano l'uno verso l'altro nello stesso momento in cui Marco torna sul concetto iniziale, ripetendolo quasi con le stesse parole.

La parte civile scuote la testa, il PM mette su un sorriso ambiguo e vagamente sornione, come si preparasse all'eventualità di un'assoluzione resa ancora piú paradossale dall'ammissione di colpevolezza della difesa.

– Io credo che tutti noi, da qualche parte nella vita, abbiamo fallito, – afferma Marco e tace, come in attesa di un'obiezione che non arriva. Nessuno, a quanto pare, se la sente di smentirlo sul punto. Allora capitalizza il silenzio e riprende. Il tono diventa conclusivo, inizia a scivolare in discesa. – Vi domando allora: chi di noi, davanti al fallimento, non ha provato anche solo per un attimo il desiderio di sfasciare tutto, cancellare, mandare ogni cosa in malora? Chi di noi, in quei momenti di lucido strazio, prospettando la rovina non ha sentito il brivido del sollievo, la paradossale liberazione di quando non hai piú nulla da perdere? Chi, metaforicamente parlando, non ha mai provato il desiderio di bruciare? Quell'orologio, signori giudici, l'ho cercato su eBay. Si compra a una cifra ragionevole. Ma per la donna a cui è stato tolto era il contenitore di una felicità estinta, un sottovuoto. E non voleva che glielo portassero via. Io comprendo il suo gesto, me lo spiego. E credo che voi possiate fare lo stesso.

Ancora una pausa. Direi l'ultima.

– Sapete? Daremmo una bella prova di giustizia, se oggi, in quest'aula, dicessimo che si può bruciare una casa per un orologio. Affermando un paradosso restituiremmo a un dolore la sua nobiltà. Vi chiedo allora una sentenza paradossale. Coraggiosa. Impopolare. Chiedo molto, lo so. Ma è la fiducia che ripongo nella vostra capacità di giudizio che mi spinge a essere cosí deliberatamente sfacciato. Vi ringrazio.

Marco conclude l'arringa, ricapitola le sue richieste e si toglie la toga di dosso mentre i giudici si ritirano per deliberare. Il PM gli si avvicina in modalità siparietto, il tipo di falsa confidenza che non ho mai sopportato.

– Mi è piaciuto, avvocato. Suggestivo, a tratti poetico. Mentre parlava già mi vedevo il titolone a tutta pagina: «Un orologio vale una casa bruciata: rendiamo grazie ai magistrati». Il modello di sentenza che certi giornalacci adorano.

– Mi pare persino una buona ragione per emetterla.

– C'è chi pensa il contrario. A ogni modo, se vince questa causa le pago da bere.

– Ci sto. A patto che non valga il contrario.

Il PM ridacchia e torna alla sua scrivania.

Mi avvicino.

– T'immaginavo pindarico, ma non fino all'apologia dell'incendio.

– Fosco. E che ci fai qua?

Lo guardo come fossi sinceramente sorpreso dalla sua domanda.

– Scrivo per *Un giorno in pretura*.

– Ah, ah, ah, che ridere. Te l'ha detto la segretaria dov'ero?

– E chi se no. Al cellulare non rispondi.

– Sí, ma poi richiamo. Infatti ti avrei chiamato fra poco. Ti ho mandato per mail il ricorso della Deiana, hai letto?

– Ho letto.

– E che ne pensi?

– Prima tu.

Si gratta una guancia, scrutando nell'aria.

– Confusamente aggressivo.

– «Confusamente aggressivo».

– Mi è sembrato un'accozzaglia di recriminazioni apparentemente circostanziate, ma tutto sommato generiche.

– Hmm.

– Ma sí, il disinteresse alle esigenze affettive, la dedizione maniacale al lavoro, addirittura la svogliatezza nell'organizzazione dei viaggi... non c'è mica bisogno di rimarcarle, queste cose, sono fisiologiche del distacco. Che vuoi che gliene freghi al giudice?

– Ma perché, l'aver sposato la pratica del disimpegno sentimentale invece che la moglie ogni giorno? – aggiungo, rincarando.

– Be', lí si vede che la Deiana va spesso in televisione.

– Eh?

– Non senti come suona?

– No. Insomma adesso che succede?

– Scusi, – mi domanda, interrompendoci, il pubblico ministero, che già da un po' mi lanciava qualche occhiata, – ma lei è Fosco Donnarumma, lo scrittore?

– Proprio lui, – conferma Marco.

Mi tende la mano, un po' molle.

Gliela stringo. – Molto lieto, – dico.

– Fosco: il dottor Giuseppe Gargani, – completa le presentazioni Marco, con una nota d'orgoglio nella voce.

– Che sorpresa. Ma tu guarda, – fa quello, e sorride mentre mi scuote la mano e continua a fissarmi come se ci fossimo persi da qualche parte e appena ritrovati.

– Ha letto qualcosa di mio? – domando, non sapendo cosa dire.

– Qualcosa? Vuole scherzare? A casa abbiamo uno scaffale intero. È stata mia figlia a contagiarmi, se sapesse che è qui e che ci siamo incontrati ci raggiungerebbe di corsa.

– Be', la chiami, – s'intromette Marco. – Dobbiamo aspettare la sentenza, di tempo ce n'è.

– Dobbiamo? – chiedo.

– Non vuoi sapere come va a finire? – fa Marco.

– Come no, stamattina ho aperto la finestra e ho pensato: «Guarda che bella giornata. Sai come si sta bene in tribunale? Ora preparo il cestino del picnic».

– Ma no, lasciamolo in pace, avvocato, – ridacchia il PM, – ci mancherebbe che la trattenessi. Solo, visto che a quanto pare conosce cosí bene l'avvocato Barbirotti...

– Fin troppo, – confermo.

– Allora, prima o poi potrei lasciare a lui un po' di suoi libri per farmeli autografare, se l'avvocato è d'accordo.

– Oh, ma certo, – dice Marco.

– Ci conto. Ora devo salutarvi, ho un'altra udienza fra venti minuti. È stato un vero piacere. Avvocato, grazie ancora.

– Le pare.

Marco mima un inchino quando restiamo soli.

– Molto spiritoso. Mi dici che succede, adesso?

– Che succede adesso?

– La separazione, Marco.

– Ah, giusto. Succede che il giudice fissa l'udienza di comparizione e dà un termine per la notifica del ricorso e del decreto. Il ricorso la Deiana me l'ha già mandato molto correttamente in anteprima, tant'è che ne stiamo parlando, ma va comunque notificato secondo la procedura.

– E quando sarebbe, quest'udienza?

– Il tempo è novanta giorni dal deposito. Entro quel termine il presidente poi ne fissa un altro per presentare documenti e memorie difensive.

– Quindi dobbiamo preparare una memoria.

– Devo, non dobbiamo.

– E cosa pensi di scriverci?

– Che vuoi che scriva.

– Ecco, appunto.

– Comunque non è che posso presentare un foglio bianco.

– E perché no?

– E dài Fosco, che palle.

MEMORIA DI COSTITUZIONE
ex art. 706 comma 3 c.p.c.

Per il Sig. Donnarumma Fosco, nato a *** il ***, residente in ***, C.F. ***, rappresentato e difeso dall'Avv. Marco Barbirotti, indirizzo Pec ***, presso il cui studio in *** via *** elettivamente domicilia come da delega in calce al presente atto

CONTRO

la Sig.ra Contarelli Alice, C.F. ***, con l'Avv. Maria Daria Deiana

PREMESSO

- che la Sig.ra Contarelli ha contratto matrimonio con il Sig. Donnarumma in data ***;
- che dall'unione, in data ***, è nato il figlio Cristiano, C.F. ***;
- che con ricorso depositato in data ***, la Sig.ra Contarelli ha chiesto la separazione personale con addebito al Sig. Donnarumma per presunte gravi violazioni dei doveri nascenti dal matrimonio, sommariamente descritte nell'atto stesso;
- che se il resoconto dell'unione matrimoniale offerto dalla Sig.ra Contarelli è quello che si evince dal ricorso, il Sig. Donnarumma nulla ha da osservare al riguardo né intende opporsi ad alcuna richiesta avanzata dalla Ricorrente;

CHIEDE

che, esperito il rituale tentativo di conciliazione, l'Ill.mo Tribunale emetta i provvedimenti che riterrà opportuni, limitandosi qui a chiedere di disporre che i coniugi vivano separati, ciascuno libero di scegliere il proprio domicilio, e che il figlio Cristiano, maggiorenne, decida liberamente di dividere i tempi di frequentazione del padre e della madre secondo le proprie esigenze e il proprio criterio.

Con osservanza.

Avv. Marco Barbirotti

Prendere a cuore

Il paziente che mi stava di fronte lo conoscevo, e lui conosceva me. Appena entrata nella stanza eravamo rimbalzati l'uno negli occhi dell'altra: «Scusi ma lei abita...?», «Sí, esatto, poco piú avanti, dopo il laboratorio di analisi», «Ero certo di averla vista, fa la spesa da Marchetti, vero?»

Avevo letto la sua cartella poco prima di parlare con il primario. Gli avevo chiesto se avesse notato la ricorrenza, dato che era almeno il quarto con quella localizzazione tumorale che ci capitava, in un tempo piuttosto circoscritto. Il primario aveva fissato il vuoto per un attimo e poi scosso la testa, cosí anch'io avevo accantonato l'idea. Magari avevo ragione, ma non è che importasse poi tanto. Ne ho viste troppe per fidarmi delle statistiche, figuriamoci azzardarle, anche se ai pazienti, quando serve, le cito. Che altro potrei dire in certi casi, del resto.

Sua moglie ha una decina d'anni meno di lui, che ne ha quarantotto. È mora e ha dei denti bellissimi, la prima cosa che si nota appena sorride. Credo che abbia fatto danza, a giudicare dalla grazia imponente con cui sta in piedi. Lui ne è cosí innamorato che sembra in imbarazzo quando la guarda, e le cerca continuamente la mano come per consolarla. Bea (si chiama Bea) ha il timone della coppia, è evidente, ma non ne approfitta, e anche questo è evidente. Controlla bene la preoccupazione, ha fiducia nella terapia, ascolta con attenzione e fa domande pertinenti. Pietro (si chiama Pietro) spesso si distrae, lo vedo, perché ha delegato a lei il compito di capire per poi riferirgli. Una prassi abbastanza diffusa tra i maschi.

Anche Fosco fa cosí. In materia economica, soprattutto. Gestione del conto, home banking, tasse, bonifici e quant'altro: ha sempre demandato tutto a me. Credo che non abbia mai pagato una bolletta o compilato un F24, che a lui suonerà come la sigla di un aereo da caccia. Volessi, potrei svuotargli i conti con un clic, cosa che non farei nemmeno se fossi alla canna del gas, ovviamente; e per quanto mi irriti questa sua sciatteria, mi dà pace al cuore che sia cosí sicuro di me.

L'ultima tappa della stadiazione era la Tac. Temevo che non sarebbe venuta, e mi sono guardata dal chiedere. Lui era scuro in volto quando sono andata a dirgli di prepararsi. Martellava i tasti del telefonino con la frustrazione di chi non può permettersi la rabbia. Allora, anche se avevo altro da fare, gli ho detto che l'avrei accompagnato io in Radiologia, e s'è aperto come una fontana.

«Non mi risponde».

Non ho detto niente.

«Non mi risponde al telefono», ha specificato, come se quella precisazione inutile definisse i contorni dell'affronto. Eravamo soli, l'altro letto si era liberato da un'ora.

«Lei lo sa il perché, dottoressa».

«Sí, credo di saperlo», ho detto.

«Bea ha sempre saputo che non voglio figli. Neanche lei, all'inizio. Poi ha cominciato a chiedermelo. Ma non le ho mai detto di sí».

Lascio andare un sospiro e replico:

«Quando ha risposto alla mia domanda, Bea ha cambiato faccia».

«Quale domanda?»

«Sta scherzando».

«Davvero. Non la ricordo».

«È la ragione per cui non le risponde al telefono. Non mi dica che non lo sa».

Mi ha fissato come se stesse rivivendo il momento in cui, quando gli avevo spiegato che la radioterapia lo avrebbe reso sterile e chiesto se volessero dei figli, aveva socchiuso gli occhi e scosso la testa senza neanche rivolgere lo sguardo alla moglie.

Si è seduto sul letto, senza replicare.

«È ferita, Pietro. Per questo è cosí violenta».

«Ma tra poco ho la Tac. Dipende tutto da quello».

«Lo so».

Si è tenuto la fronte.

Gli ho posato una mano sulla spalla.

«Non è il momento di allargare la crepa. Ha sei mesi impegnativi, davanti».

«Cosa posso fare. Non vuole rispondere».

«Rinviate la decisione».

«In che modo?»

«Congeli il seme».

È rimasto in silenzio, fissandomi negli occhi. Che ci avesse pensato era ovvio. Sentirselo dire lo rendeva possibile.

«Basta che lo faccia prima di cominciare la terapia. Le prendo io l'appuntamento. Alla fine delle cure avrete tempo e modo di tornare sull'argomento. Ora è il momento di pensare a lei, Pietro».

«Non voglio illudere mia moglie».

«Non lo fa. È solo una possibilità che lascia aperta. Magari anche lei cambia idea, un domani».

«Vorrei che fosse Bea a dirmelo».

«Le parlo io, se vuole».

Non so perché me l'ero presa cosí a cuore. Forse il desiderio di aiutarli prima che anche il loro amore naufragasse.

Appena ha risposto era sulla difensiva. Si aspettava un rimprovero, probabilmente.

«Buongiorno, Bea. Ha un minuto?»

«Certo, dottoressa».

«Sto per accompagnare suo marito alla Tac».

Silenzio.

«Non mi giudichi male se non sono lí».

«Non lo faccio».

Invece la giudicavo eccome.

«Ho le mie ragioni».

«Credo di conoscerle».

«Ma non le bastano».

Avrei voluto ribattere: Sono un medico, non faccio prediche ai parenti dei malati, ma chiamandola avevo già spostato i confini.

«Appena dimesso, cioè mercoledí al massimo, Pietro andrà a congelare il seme».

«Cosa?»

«Solo questo volevo dirle».

Altro silenzio.

«È ancora lí?»

«Ci sono».

«Bene. Non c'è altro. Devo salutarla, adesso».

«Aspetti, dottoressa».

«Mi dica».

«È stata lei a convincerlo?»

«Se anche fosse?»

«L'ha convinto lei o no?»

«Facciamo cosí: venga e glielo dico».

Le è scappata una piccola risata affettuosa.

«Perché non me l'ha comunicata lui questa notizia?»

«Voleva. Ma lei non gli risponde al telefono».

Altra risatina. Di chi ti riconosce il punto, stavolta.

«Certo che è brava».

Dalla scrivania ho intravisto nel corridoio l'infermiere che spingeva Pietro sulla sedia a rotelle per il trasferimento all'ambulatorio di Radiologia («Ma non possiamo andare a piedi? Non sono mica paralitico», protestava; «Non l'ho fatta mica io la regola», diceva l'altro).

«Devo proprio andare, adesso. Mi scusi».

«Un momento».

«Mi dica».

«A che piano è la Tac?»

Atto di resa

Ci sono cose che un tempo non avevo voglia di fare da solo. Andare al cinema, per esempio. O al ristorante. Mi è capitato, da ragazzo soprattutto, di perdere un film che desideravo vedere perché nessuno dei miei amici era libero quella sera. L'idea di comprare il biglietto, sedermi in sala e aspettare che si spegnessero le luci, mi sembrava un'ammissione di solitudine, o meglio un equivoco di solitudine, in cui non ero disposto a cadere. Avrei invidiato le coppie, le famiglie con bambini e i gruppi di amici che si sarebbero scambiati commenti e battute, mentre io mi sarei trovato accusato dalle circostanze, preda di un imbarazzo inesprimibile, impossibile da giustificare: Che avete tutti da guardare, non sono un disgraziato o un asociale, ho anche una fidanzata ma questo genere di film non le piace e tutti i miei amici erano impegnati, per caso all'entrata c'è scritto «Vietato l'ingresso alle persone non accompagnate»?

Non ho mai capito da dove venisse quella vergogna. Perché andare al cinema da solo mi facesse temere il giudizio degli altri. E, soprattutto, perché associassi l'essere solo al meritarmelo. Forse temevo di poterlo diventare davvero, un poveraccio senza amici.

Poi ho iniziato ad andare a pranzo e al cinema da solo, ma quasi senza accorgermene. Ho assecondato un desiderio estemporaneo, nient'altro. Come entrare in un bar e ordinare una cioccolata calda in una gelida serata d'inverno. La circostanza, sí, la ricordo. Ma non la collego a un cambiamento, a una maturazione.

Ero passato davanti a una saletta dove davano un film con Philip Seymour Hoffman e Laura Linney, ho dato un'occhiata all'orologio; fatto, come si dice, mente locale (come se di solito la mente vagasse nel cosmo e ogni tanto, in modalità Google Maps, scendesse in terra per rendersi utile) e sono entrato. Da allora non ho piú smesso. Oggi sono cosí abituato a godermi un film o un pasto senza nessuno con cui parlare che le poche volte in cui mi capita di trovarmi in compagnia mi stanco. Apprezzo moltissimo la mancanza di dialogo.

Ecco perché quando Marco mi ha invitato a pranzo, nel giorno che solitamente riservo a me stesso (il mercoledí, quello in cui Alice non rientra dall'ospedale), ho reagito con una certa insofferenza, della quale penso si sia anche accorto. Ho lasciato che fosse lui a scegliere il posto, per non rivelargli il nome della trattoria dove mi rifugio di solito (con l'età sto peggiorando, lo so).

Temevo mi portasse in un giapponese o peggio in un ristorante di *nouvelle cuisine*, e invece eccomi in una fiaschetteria piuttosto malandata e neanche pulitissima che mi conquista appena entro. Un cameriere anziano con degli occhiali molto spessi e un papillon allentato esce dalla cucina aprendo la porta saloon con una spallata. Ha tre piatti fumanti in bilico su un braccio e una caraffa di vino nell'altra mano. Si muove con uno scenografico equilibrismo maturato in decenni di servizio e canticchia un vecchio brano di Bruno Lauzi di cui s'inventa le parole. Le pareti sono foderate di vecchie bottiglie vuote e polverose, disposte senza criterio su scaffali di ferro scuro. Il pavimento è ricoperto da un parquet di legno grezzo che avrà almeno sessant'anni e scricchiola alla minima pressione. Su una parete campeggia uno specchio rettangolare ricoperto da macchie di ruggine dietro le quali s'intravede il baffone della birra Moretti. Nell'aria aleggia un buon odore di polenta. È proprio un locale da Marco Barbirotti. Con il giusto tocco di basso che ne connota l'eleganza.

Come ho potuto attribuirgli la scelta di un ristorante borghese, non lo so.

Al centro di un tavolo da due avvisto il suo nome scritto a penna su un foglio a quadretti piegato a mo' di segnaposto e vado dritto a sedermi lí mentre il cameriere fa il collo lungo temendo che stia per occupare abusivamente un tavolo prenotato. Allora gli labializzo il cognome di Marco e quello si tocca con due dita la falda di un cappello immaginario.

Marco è in ritardo. Ho già bevuto un bicchiere di vino accompagnato da un piatto di culatello e tarallini al finocchietto quando finalmente arriva, varcando la sala con la solita falcata da rockstar e salutando almeno tre avventori e il titolare, un abbondante signore in maniche di camicia seduto alla cassa. Dal che deduco che è il suo ristorante abituale.

– Sei in ritardo, – gli dico mentre tira fuori la sedia da sotto il tavolo.

– Stavo per dirtelo io, – risponde, e abbassa lo sguardo sugli avanzi nel mio piatto. – Vedo che mi hai aspettato.

– Avrei anche ordinato se non ti fossi deciso a venire, se è per questo.

– Sempre piú sociopatico, eh?

Solleva l'indice guardando il cameriere, che in quel momento sta presentando un tagliere di formaggi a una coppia di turisti disinibiti in pantaloncini, canottiera, calzini corti e scarpe da trekking. Quello intercetta il segnale e annuisce.

– Mi piace qui, – osservo.

– Sí, anche a me. Sono tre o quattro i posti in cui vado. Qui è dove vengo piú spesso.

– Ci stavo facendo un pensiero anch'io. È cosí rassicurante, cosí vecchio.

– Non c'è menu, mangi quello che preparano di giorno in giorno. Oppure formaggi e salumi.

– Che meraviglia.

Tira fuori un elastico dalla tasca interna della giacca e si raccoglie i capelli all'indietro in una coda. Quanto vorrei aver fatto questa cosa almeno una volta nella vita.

Arriva il cameriere, già armato di penna e taccuino.

– Oggi abbiamo pasta patate e provola, frittata di cipolle e zucchine alla poverella.

– Buongiorno anche a te, Gelsomino, – dice Marco.

Quello si tocca la fronte, gli posa una mano sulla spalla e ce la lascia.

– Hai già conosciuto il mio amico, mi sembra.

– E come no, sta mangiando da mezz'ora.

Ridacchio:

– No, si sbaglia, ho appena iniziato. Come sarebbero queste zucchine alla poverella?

– Non si friggono. Le saltiamo in padella con un po' d'aceto di vino bianco e la menta. Io ve le consiglio.

– E io le prendo. E voglio anche la frittata.

– Frittata e zucchine alla poverella, bene, – segna. – E per te, avvocato?

– Pasta patate e provola tutta la vita.

– «Pasta patate e provola tutta la vita», – si autodetta l'ordinazione e muove le labbra nello scriverla. Poi strappa il foglietto e ce lo mostra per provarci che non scherzava e se ne va mentre noi ridiamo, non di lui ma della sua battuta.

– «Le saltiamo in padella», – dico.

– Cosa?

– Il cameriere. Ha detto: «Le saltiamo in padella».

– Ah, le zucchine. E allora?

– E allora è sbagliato. Le zucchine le fai saltare, mica le salti. Che fai, ci passi sopra? Le scavalchi?

Ci pensa.

– Oppure eviti di mangiarle, – propone. – «Vuoi delle zucchine?», «No grazie, le salto».

– Esatto.

– Però credo che saltare possa essere anche transitivo.

– Dipende dal contesto. Se dico che è saltato il tappo,

o un bottone, è un conto. Perché i tappi e i bottoni saltano per conto loro. Ma non posso certo dire che salto il tappo per dire che apro una bottiglia.

– Interessante. E dimmi, ti abbandoni spesso a questo genere di speculazioni?

– È che ho un'insofferenza per le frasi sciatte. Forse perché le uso anch'io. È come vedere uno che si sbraca in treno.

Marco stringe gli occhi incuriosito dall'associazione, che ho buttato lí cosí, in modo un po' jazzistico. Ma forse rende l'idea, visto che annuisce. Con gli anni mi sembra di aver capito che il carattere di una persona è fatto soprattutto di insistenze. Medie e piccole maniacalità da cui siamo abitati o sopraffatti, che ci rendono molto piú comuni di quanto pensiamo di essere.

«Forse tu sei davvero speciale, – mi ha detto Alice una volta, – ma è quando ti penso in pigiama, sul divano, alle nove di sera, con gli occhi che ti si chiudono dal sonno, che sento la tua mancanza».

– Hai letto? – mi chiede Marco, venendo al motivo del nostro pranzo.

Scuoto la testa, disorientato per un attimo.

– Quando me l'hai mandato?

– Mezz'ora fa, piú o meno.

Prendo il cellulare dal taschino e apro il WhatsApp di Marco che contiene l'allegato del ricorso. Non impiego piú di una dozzina di secondi a scorrerlo con gli occhi.

– Non immaginavo che avrei mai scritto un atto simile. Soprattutto che l'avrei depositato, – commenta lui versandosi due dita di vino dalla caraffa che ho ordinato prima che arrivasse.

– E che volevi scrivere, un trattatello come Maria Daria Deiana?

– Neanche uno cosí deliberatamente masochista. E cosí striminzito. Ho contato le battute, sono 1257 compresa l'intestazione. Sai quante ne ha scritte la Deiana?

– No.

– 5656. Intestazione esclusa.

– Però. Un articolo di giornale.

Punta il gomito destro sul tavolo, chiude il pugno, ci appoggia sopra il mento e mi guarda con un'ironia allusiva, come volesse riconoscermi un merito.

– Vuoi sapere una cosa? Fossi il giudice, potrei addirittura apprezzare un ricorso cosí stupido.

– Perché stupido?

– Lo sai. Perché è una resa, non un ricorso. È un atto che non dice nulla. Che si limita a dar ragione a tua moglie. Sembra quasi che tu, o meglio noi, visto che sono io che ti faccio da interprete, intendiamo sfottere lei, il suo avvocato, il giudice e l'intero sistema giudiziario.

M'immagino la dicitura «Atto di resa» sulla carta intestata di Marco. Non suona neanche male, fra l'altro.

– E tu da magistrato apprezzeresti un ricorso cosí?

– Se facessi il magistrato e avessi senso dell'umorismo, perché no. Mica ti capita sempre un atto giudiziario che ti fa dire: «Ma vedi questo».

– Ci manca pure che vinciamo, adesso.

– Figurati, non ti farei mai un torto simile. Però mi diverte pensare alla faccia che farà la Deiana quando glielo manderò. Dimmi un'altra cosa.

Bevo un sorso di vino mentre aspetto di sentire cosa vuole chiedermi, anche se lo so già.

– Ti sei sistemato nella casa nuova?

Eccolo là.

– Sistemato nel senso se già ci abito?

– In quale altro senso, se no.

– Non ancora. Mancano delle cose.

Si prende un attimo. Tamburella addirittura le dita sul tavolo. Questo lo trovo eccessivo. Anche molto poco Marco Barbirotti, come gesto.

– Fosco.

– Cosa.

– Hai firmato il contratto un mese e mezzo fa. Hai già pagato il primo mese d'affitto e il deposito cauzionale.

– Sí, be', me lo ricordo.

– Ci hai dormito almeno una notte?

L'immobiliarista aveva insistito per la fideiussione e non sarebbe stato un problema assecondare la sua richiesta, ma Marco la metteva sul personale, come se la condizione della garanzia bancaria fosse una mancanza di riguardo verso la mia solvibilità. A me non importava niente, anzi capivo le ragioni del padrone di casa («I contratti – avevo sentito dire a mio nonno avvocato una volta – si fanno per non guardarsi in faccia»), ma alle prime avvisaglie di polemica avevo pensato di fingermi offeso per far saltare la trattativa o meglio la proposta, visto che non stavamo ancora trattando (era la prima volta che vedevo quella casa, era stato Marco a trovarmela). Poi avevo abbandonato subito l'idea: mi serviva un buco dove rintanarmi, non potevo rimanere a casa ancora per molto, con l'udienza imminente e Alice sempre piú nervosa.

«Ma questo tuo cliente ha capito con chi ha a che fare?» s'inalberava Marco indicandomi neanche fossi stato un calciatore famoso (conosceva l'immobiliarista, lo aveva assistito in una causa di lavoro anni prima).

«Non devi dirlo a me, Marco, – aveva ribattuto quello mortificandosi, – mi ha dato istruzioni precise. Il proprietario ha avuto dei problemi con gli inquilini precedenti e non vuole correre rischi».

«Corre il rischio di perderci, corre!»

Erano andati avanti cosí per un'eternità mentre io vagavo fra le stanze come in un acquario e sentivo le loro voci attutite e pensavo che sarebbe stato lí che mi sarei ritirato ogni sera per i prossimi anni: avrei fatto la doccia e mangiato qualcosa davanti alla televisione con il piatto sulle ginocchia e a poco a poco avrei imparato ad affezionarmi a quell'appartamento estraneo minuziosamente arredato (a una casa bisogna volere un po' di bene per abitarci). Anche se avevo già paura della notte, erano settimane che mi svegliavo fra le due e le tre e non riuscivo a riaddormentarmi, allora allungavo una mano e sfioravo un braccio o una gamba di Alice e lei a volte me la prendeva e la stringeva a sé e subito il cuore si calmava e cercavo di riafferrare il sonno prima che lei si svegliasse e, prendendo coscienza di quell'automatismo intimo, si voltasse di fianco per darmi le spalle e richiamarmi all'ordine della distanza che aveva decretato fra noi, ma a me bastava sentirla respirare e guardare il suo profilo nella penombra della stanza appena illuminata dalla piccola luce dell'orologio al quarzo del microonde che veniva dalla cucina per alleviare il peso che mi schiacciava il petto e lentamente trovare pace. Come avrei fatto da quella notte in avanti, quando i pensieri mi avrebbero assalito? È quella la solitudine, non vuoto ma mancanza, non trovare piú la mano nel buio che ti tiene quando la cerchi. E avevo continuato a tormentarmi mentre quei due erano ancora di là che discutevano, finché non li avevo raggiunti e gli avevo detto che potevano smetterla perché la casa mi aveva convinto e la prendevo e per la fideiussione avrei chiamato la banca la mattina dopo, cosa che ho fatto.

L'immobiliarista aveva chiesto un assegno a garanzia. «Un assegno?» avevo detto, quasi avessi dimenticato cosa fosse. «Lo so, è uno strumento obsoleto, – aveva risposto quello, – ma nel nostro settore si usa ancora». Marco e io c'eravamo guardati di sottecchi e, come ai tempi della scuola, eravamo diventati paonazzi per lo sforzo di non ridere.

– Sí che ci ho dormito, – rispondo alla domanda.
– Non ci credo.
– Che peccato.
– Fosco, la tua inerzia sta diventando tossica.
– Dici?
– Devi fare qualcosa prima che diventi depressione.
– Quella è una cosa seria. In giro è pieno di cretini che si dicono depressi.

– E tu non saresti cretino?

– Certo non mi faccio la diagnosi da solo. Le patologie bisogna meritarsele, che ti credi.

Prende aria, si accarezza la guancia.

– Dio santo, Fo'.

– La gente apre bocca su tutto, – eccedo. – Parla di scienza, di ricerca, di politica. Anzi, di geopolitica. Di fisica, di musica, di teatro. Sai che ti dico, bisognerebbe farla finita con la libertà d'espressione.

Mi guarda quasi ingrugnito, come si chiedesse se davvero penso quel che ho detto, poi ride.

Torna Gelsomino con il nostro pranzo, volteggiando fra i tavoli, tre piatti per braccio. Come faccia a non cadere, non lo so.

– Eeecco qua. Frittata e zucchine alla poverella per lui, pasta patate e provola per te, – annuncia. Siamo noi a togliergli i piatti dalle mani, carico come si ritrova.

– Ce ne porti un'altra? – gli chiede Marco dando due colpetti con il dorso dell'indice alla caraffa di vino, che nel frattempo abbiamo finito.

– Arriva, – risponde girando appena la testa mentre si dirige al tavolo successivo.

Benché il mio piatto abbia una bella faccia e un ottimo profumo, invidio subito la pasta di Marco. Come tutto quello che lo riguarda, del resto.

Infilzo due zucchine e torno sull'argomento.

– Comunque una notte ci ho dormito davvero.

– E com'è andata?

– Sono scappato all'alba.

Mi aspetto un cenno di biasimo, invece mescola la pasta fumante e annuisce, comprensivo. Poi con la mano libera forma il numero quattro.

– Ci vogliono quattro giorni.

– Eh?

– Poi passa.

– Quattro giorni, – ripeto scettico.

– Ma di fila. Senza interruzioni.

– Ti prendo in parola?

– Ci sono passato.

– Questa non me l'aspettavo.

– Perché mi sopravvaluti. Anch'io sono scappato. La prima notte. Anzi, la sera stessa.

– Sul serio?

– Ho dormito in albergo.

– Non ci credo.

– Appena ho chiuso la porta mi è piombata addosso una tristezza da buttarmi di sotto. E l'appartamento era al settimo piano. Non è una battuta, ti giuro che il pensiero mi ha spaventato. Allora ho spento la luce e sono uscito. Pensavo di fare due passi e rientrare, ma ho capito quasi subito che non ce l'avrei fatta. Cosí mi sono infilato in un albergo. Ma costoso. Avevo bisogno di lusso, di cose inessenziali.

– Si chiama consolazione.

– No, non c'è una parola per questo genere di cose.

Si prende una pausa (il ricordo gli deve fare ancora male), e io mi trovo a pensare che sono tante, le cose per cui non c'è una parola.

– Io detesto il troppo. Ogni tipo di troppo, – continua. – Eppure quella sera volevo una suite, una vasca con l'idromassaggio, un cestino con lo champagne, hai capito?

– Come no, – rispondo, accorgendomi addirittura di sorridere. Strano: non ho mai provato un desiderio simile, eppure mi pare di sapere cos'è. – E poi?

– La mattina sono tornato nell'appartamento al settimo piano. Ho spalancato le finestre, sono uscito e ho comprato di tutto: piatti, bicchieri, posate, detersivi, una macchina per il caffè a cialde, lenzuola, asciugamani, accappatoi, accessori da bagno, una piantina, addirittura una cassetta degli attrezzi. Ho speso un botto quel giorno, sarò sceso e risalito dieci volte. E non mi serviva niente, era un appartamento completamente arredato, attrezzato fino all'ultimo cucchiaino, come il tuo.

Io quella sera, prima di ritirarmi nella nuova casa, ero andato a fare un po' di scorta al supermercato lí accanto. Mancava poco alla chiusura, mentre vagavo per i corridoi una voce dall'altoparlante chiedeva con ferma gentilezza ai clienti di avviarsi alle casse. Al banco della frutta, a qualche metro da me, c'era una coppia con un cagnolino nel carrello. Dovevano portarsi dietro gli strascichi di una lite, perché erano tutti concentrati nell'ignorarsi rimanendo vicini. Mi ero fermato a spiarli con la coda dell'occhio, decifrando i segni di quel patto nevrotico a cui anni prima anche Alice e io aderivamo senza dircelo. Per noi quel tempo era passato. La pratica dello stillicidio da cui ogni volta rinasceva l'amore si era sciolta nella quotidianità della convivenza. Trascinare una lite e non guardarci in faccia per ore finché uno dei due non si stancava e bastava una carezza per ritrovarci era una manutenzione sentimentale a cui avevamo smesso di ricorrere. Forse è a questo che servono i matrimoni. A disimparare. A non inventarsi piú niente.

Non so quanto tempo sono rimasto davanti al banco della frutta a sentirmi scivolare dentro una desolazione nuova, che mi consegnava un'immagine invecchiata e patetica di me stesso. Ero un uomo solo e di là con gli anni che faceva la spesa in un supermercato. In quel grande magazzino a pochi passi dalla casa che avevo preso in affitto e dove avrei abitato forse per sempre misuravo il perimetro della mia nuova vita.

«Signore, scusi», ha detto una voce alle mie spalle.

Mi sono voltato. Era un addetto alla sicurezza.

«Stiamo chiudendo. Dovrebbe andare alle casse».

Mi sono guardato intorno. La coppia di prima non c'era piú. Chissà da quanto tempo era andata via.

«Per favore», ha insistito quello, visto che non mi decidevo. Aveva una camicia scura con uno scudetto ricamato su una spalla, pantaloni combat e un badge d'identificazione appeso al collo con un nastro colorato.

Il rombo di un tuono spegne ogni rumore circostante, affievolendo per qualche istante la luce elettrica. È l'annuncio di un temporale, che un attimo dopo piomba sulla città con l'immediatezza di una fucilazione dopo l'ordine di fuoco. Una pioggia fittissima e battente colpisce le carrozzerie delle auto in sosta facendo scattare due allarmi a pochi secondi di distanza l'uno dall'altro. I passanti scappano alla ricerca di un riparo apparendo e sparendo nel riquadro della vetrata del locale come fauni. Un colpo di vento spalanca la porta d'ingresso, e una sventagliata di pioggia investe la coppia di turisti in pantaloncini. Il proprietario, senza muoversi dalla cassa, grida il nome di Gelsomino, che stava già precipitandosi a chiuderla.

Marco soffia sul piatto ancora fumante, raccoglie un cucchiaio di pasta e ribadisce il concetto, o meglio lo pronuncia. Pare il dispositivo di una sentenza:

– Quattro giorni, – dice.

Il titolo è tutto

Fosco continua a entrare e uscire da ogni stanza per sfuggire ai miei tentativi di parlargli. È appena tornato dalla sua mezz'ora di jogging mattutino, accaldato e paonazzo, in pantaloncini, scarpette, canottiera e marsupio, e vederlo cosí m'intenerisce perché via, tenersi in forma non è che puoi inventartelo se non l'hai mai fatto per cinquant'anni, s'illude, povero Fosco mio che non smette di lottare con quel po' di chili in piú che ha messo invecchiando.

È sempre la stessa storia quando si tratta di affrontare il discorso di noi due. Scappa. E io devo inseguirlo per casa, come un bambino che non vuole fare il bagnetto. Guardalo lí, sembra Pac-Man, l'emoticon ante litteram del videogioco anni Ottanta che avanzava nel labirinto mangiando puntini e fuggendo dai fantasmini che lo assediavano per rubargli le vite in dotazione (piú che a fantasmi li associavo a meduse, velenose al contatto; oggi, per deformazione professionale, ci vedrei delle cellule tumorali, mi sa). È un paradosso: ho sposato uno scrittore indisponibile al dialogo. E non so se la sua ostinazione nel sottrarsi al confronto m'intriga o mi disturba, forse sono vere tutt'e due le cose. Se avesse voluto, con le parole mi avrebbe ingannata e manovrata cento volte. Fosco è un sabotatore di convinzioni, che poi è il lavoro della letteratura, ma non si è mai approfittato di questa sua attitudine, mai, neanche quando la ragione era platealmente dalla sua parte e io cercavo di toglierglìela dalle mani come una bambina che non lascia il giocattolo.

Saranno cinque minuti che lo inseguo dalla cucina allo studio e poi di nuovo in cucina, dove apre il frigo e prende una bottiglia d'acqua e beve a canna per ignorarmi, e se adesso prova a rintanarsi in bagno giuro che prendo a calci la porta.

– Vuoi smetterla di scappare? Sto parlando con te, sta' fermo.

Resta con la bottiglia a mezz'aria, ancora puntata alla bocca.

– Di cos'altro vuoi parlare, Alice? Sono accaldato, vorrei fare una doccia. Per favore.

Faccio scoppiettare un petardo d'aria fra le labbra e ribatto con sarcasmo:

– Altro? Cos'è, una battuta? Quand'è che abbiamo parlato, io e te?

– Abbiamo incaricato degli avvocati per sgravarci di questo compito.

– È proprio di questo che si tratta. La mia avvocata mi ha mandato la memoria di costituzione di Marco.

Mentre rimette la bottiglia nel frigo solleva le sopracciglia con condiscendenza. È un attimo, ma me ne accorgo.

– Hai qualcosa contro la mia avvocata?

– Mi fa un po' specie che la chiami avvocata.

– Quello che voglio sapere è se ti sembra una memoria, quella.

– Perché?

– È ridicola. Tanto valeva scrivere «Fate voi».

Per un attimo pensa: Magari. Glielo leggo in faccia.

– Non si può, l'atto risulterebbe giuridicamente inammissibile.

– Ma ti pare il modo di rispondere a una domanda di separazione?

– Sí, – dice soltanto, alzando di nuovo le sopracciglia e piegando la bocca in una parentesi rovesciata e annuendo piú volte guardandosi intorno come per dimostrare che la sua risposta ha lasciato le cose dov'erano.

– Santo Dio, Fosco, sei esasperante.

– Che ti aspettavi, che rispondessimo punto per punto a quella specie di *Posta del cuore*?

– Marco Barbirotti non avrebbe mai depositato un atto cosí striminzito. Si sente la tua regia dalla prima all'ultima riga.

– Vero, *e allora*?

– Potevi fargli fare il suo lavoro.

– Che vuoi che ti dica, chiamalo e spiegagli tu come si fa. Anzi, dettaglielo. Ora posso fare la doccia?

– Fosco, la devi smettere di cercare di boicottare la separazione.

– Se non sto facendo altro che assecondarti.

– Appunto.

Sbuffa dalle narici.

– Alice, smettila tu con questa pretesa di scrivere lo spartito per tutti.

Non so piú cosa dire. Quando Fosco azzecca la metafora mi spengo. Mi sento cosí perfettamente descritta che potrei anche chiedergli scusa, se non volessi aver ragione per forza.

– Hai avviato una procedura e noi la stiamo seguendo, – aggiunge. – Verrà fissata un'udienza e ci andremo, punto. Il mio avvocato non è tenuto a presentare un atto che piaccia a te o a quell'altra diva della televisione che ti sei scelta.

Riapre il frigo, prende un altro sorso d'acqua, richiude, mi gira intorno, esce dalla cucina diretto al bagno. Lo seguo come farebbe un cane lungo il corridoio, per quanto mi senta patetica e infantile ad andargli dietro nella speranza di rifarmi.

– Maria Daria Deiana si è sentita trattata come una stupida, – dico annaspando.

Entra in bagno, si volta verso di me accompagnando la porta nel gesto di chiuderla. Parla da uno spiraglio: – Quanto mi dispiace. E che pensa di fare, di andare a lamentarsi da Bruno Vespa?

Di nuovo zitta. Per un attimo vedo lo studio di *Porta a porta* e sento addirittura il suono del campanello che annuncia l'ospite, seguito dagli applausi del pubblico.

Mi chiude la porta in faccia.

Resto dove sono, lo sento aprire il box doccia e poi il rubinetto.

– Non puoi cavartela sempre cosí, – dico al vetro satinato della porta.

Non risponde ma so che mi ha sentito.

Rimango lí, impotente, sconfitta.

Fa scorrere l'acqua. Pochi secondi. Poi vedo la sua ombra venir fuori dalla doccia. Riapre la porta. Nudo, disinibito come sempre. La sua mancanza di pudore un po' mi colpisce un po' mi calma. Non siamo ancora estranei. E io sarei capace, di mostrarmi nuda ai suoi occhi? Se la vista del suo corpo nudo non mi dà imbarazzo, né io ne avrei a spogliarmi davanti a lui, se il persistere dell'intimità domestica mi consola anziché respingermi, perché voglio la separazione? E se fosse un falso allarme? E se avesse ragione Fosco a sottrarsi al teatrino che ho messo in piedi? Forse lasciarsi è solo un prendersi la scena per reagire alla frustrazione del ruolo di comparse a cui la vita ci ha retrocesso. È poi cosí sbagliato fare le comparse?

– Senti, la questione è semplice, – dice, lasciandosi un po' andare, finalmente. – A te non piace il ricorso di Marco.

– Non è un ricorso, è una memoria di costituzione.

Chiude gli occhi una volta e li riapre a mezz'asta. Una perfetta equalizzazione fra «Che vuoi che me ne freghi» e «Ma dici sul serio?» Sarebbe stato un bravo attore.

– Grazie per l'imprescindibile precisazione. Ora posso venire al punto?

– Puoi.

– Ho dimenticato cosa stavo dicendo.

– Che a me non piace il ric... la memoria di costituzione di Marco.

– Ah sí. Sono atti giudiziari, Alice: sostanzialmente, dei proforma. Non dicono niente di piú di quello che serve alla procedura. Proforma per proforma, saremmo andati piú dritti con la consensuale.

– Ancora con questa storia? Ma in che lingua ve lo devo dire?

– Ve?

– A te e alla mia avvocata. Non ci si lascia di comune accordo.

(Che poi qualcuno mi deve spiegare perché si dice «di comune accordo», come se si potessero fare degli accordi separati quando si divorzia).

– Okay, non ci si lascia di comune accordo. Però potremmo accordarci sulla consensuale. Perché no?

– Perché non siamo d'accordo. Mi lasceresti, tu?

– No.

– E allora.

Si stringe l'apice del naso usando indice e pollice come una pinzetta.

– Ti rendi conto che quello che dici non ha senso?

– Invece ha senso. Perché due che non sono d'accordo non si mettono d'accordo, semplicemente litigano.

– Insomma vuoi litigare.

– Puoi anche metterla cosí.

– E vuoi che sia d'accordo.

– Stai dicendo che mi contraddico?

Risponde tendendo un filo immaginario con le dita e accompagnandosi con un'espressione elettrizzata; ma lo deludo:

– Non è cosí, quello che voglio è soltanto che tu la smetta con questa modalità passivo-aggressiva che mi fa venire i nervi.

– Comincia a farmi male la testa, Ali.

Fa per richiudere la porta. Lo fermo.

– E no, eh. Per una volta che riesco a toglierti le parole di bocca.

Si riempie i polmoni d'aria. A un tratto m'infastidisce la sua nudità.

– Ti dispiace coprirti?

– Sei tu che mi hai tirato fuori dalla doccia.

Stacca l'accappatoio dal gancio a parete e se lo ripiega in due sull'addome.

– A ogni modo stavo dicendo un'altra cosa, prima che tu partissi per la tangente. Me ne sono appena ricordato.

– E cioè?

– Che a te non piace l'atto di Marco, e a me ancora meno quello della tua avvocata, di cui manco mi ricordo il nome.

– Deiana. Maria Daria Deiana.

– Tanto lo dimentico fra un attimo. Ma se nessuno dei due gradisce il ricorso dell'altro, perché non lasciamo perdere?

– Vale a dire?

– Vale a dire che non ho bisogno di affidarmi a un legale né di sedermi davanti a un estraneo che magari si permetterà pure di fare considerazioni sul mio matrimonio. Posso andarmene anche stasera, se vuoi. Il tempo di mettere due panni in valigia.

– Scordatelo. Sei mio marito.

– Che significa.

– Che non te ne vai da ospite.

– E come me ne dovrei andare, da inquilino moroso?

– Da marito. Con un provvedimento che ti autorizza a farlo e fissa tempi e modalità. Ecco come te ne vai.

– Cristo, Alice. Quando ti ci metti riesci a essere di un conformismo sconfortante.

– Tu prova ad andartene liberamente e ti denuncio per abbandono del tetto coniugale.

– Abbandono del tetto coniugale... lo senti quanto suona ridicolo? Ma cosa pensano i giuristi, come parlano? Se vado via dalla casa dove ho vissuto con mia moglie perché abbiamo smesso di amarci non abbandono lei ma il tetto coniugale? In cosa consisterebbe l'illecito, nel mancare di rispetto a delle tegole?

– E poi sarei io quella che si perde in problemi inutili.

– Hai parlato tu di abbandono del tetto coniugale.

– Okay, sono d'accordo con te.

– Ma escludi la consensuale.

– Certo. E smettila di farmelo ripetere.

Riaggancia l'accappatoio alla parete, entra nella doccia, chiude il box, apre il rubinetto. Resto lí a guardare la sua sagoma che si tiene a un passo dal getto d'acqua aspettando che si riscaldi.

Fine della discussione?

– Neanche se la scriviamo io e te? – alza la voce mentre sto uscendo dal bagno.

Mi fermo.

– Alice? – ripete. – Sei ancora qui?

– Sí, – grido.

– Hai sentito cosa ho detto?

– No.

Invece ho sentito.

– Se siamo cosí insoddisfatti del lavoro dei nostri legali, perché non lo scriviamo noi, il ricorso? Tanto abbiamo capito come si fa.

Mi riavvicino al box doccia. Lo vedo posizionarsi sotto il getto del soffione e portare le mani alla testa.

– Come ti è venuta questa idea?

– Non lo so. Forse perché siamo i piú adatti a scrivere i titoli di coda di noi due.

Ci resto.

– Cos'hai detto?

– Cos'ho detto cosa?

– L'ultima frase, – alzo la voce.

– Che ci scriviamo il ricorso da soli?

– No, quella dopo, – alzo ancora di piú la voce.

Abbassa il getto. Apre il box. Mi guarda attraverso lo spiraglio.

– Cosa ho detto? – mi chiede, leccandosi le gocce d'acqua sulle labbra. – I titoli di coda di noi due?

– Sí.

Cavaliere

Quando te ne vai di casa, dovresti posare le chiavi sulla consolle (o sul tavolo da cucina, ma è un po' volgare) e uscire. Non portarti via niente, neanche lo spazzolino. Perché poi teniamo tanto allo spazzolino, l'utensile piú economico e fungibile fra quelli domestici, vai a saperlo. Capirei un rasoio elettrico, una pinza, un posacenere che hai tenuto sulla scrivania per trent'anni, ma uno spazzolino da denti che puoi ricomprare al negozio dietro l'angolo proprio non me lo spiego. Lo spazzolino è sopravvalutato, come quasi tutto ciò che pensiamo ci serva, credo. A me non serve niente. Niente che non possa ricomprare senza rovinarmi, intendo. Potrei vivere in una casa vuota senza sforzo. Eppure ho fatto l'errore di raccogliere le mie cose un po' di giorni prima di andarmene, approfittando delle assenze di Alice per fare un minimo di selezione. Non volevo che lei mi vedesse e facesse dei commenti su quella sottrazione continuata, di cui infatti mi vergognavo, e magari m'impedisse di portarmi via qualcosa che non avrei voluto lasciarle.

Non so perché l'ho fatto, un bisogno di amuleti, forse. Sceglievo due o tre oggetti ogni giorno (una borsa, un orologio, una prima edizione) e li nascondevo in uno scaffale chiuso della libreria, dove sapevo che lei non avrebbe guardato. Accumulavo un tesoretto di cose inutili che mi avrebbe fatto sentire meno solo nella nuova casa. Che stupido. Rovistare nei cassetti, ecco cosa non si dovrebbe mai fare. Le cose sono ricordi, come diceva Marco. Le cianfrusaglie soprattutto. Le foto che credevamo di aver perso e vengono fuori come le farfalline dalla dispensa, a una a una. Le pile scariche. Le monete fuori corso. Una cornice macchiata. Gli scarabocchi di tuo figlio a tre anni. E un racconto. Il primo che ho scritto. Ho finto di averlo dimenticato per tutti questi anni, perché non volevo piú saperne, da quando la casa in cui l'avevo ambientato, quella dell'infanzia, a Cavaliere, era stata venduta. Per tanto tempo ho covato la tristezza di averla persa, maledicendo il giorno in cui avevo acconsentito alla vendita. Speravo di averlo smarrito, quel raccontino scritto a macchina che mi avrebbe restituito la frustrazione e il dolore di quell'estate, del corvo bastonato da mio padre, di quel male dentro che mi venne allora e che in un certo senso non è mai passato. Cosí l'ho ripreso, l'ho riletto, e mi è venuta voglia di chiamare Felicino. Il numero l'ho cercato sulle Pagine Bianche.

Riconoscere la sua voce mi ha cosí emozionato che sono rimasto in silenzio per qualche attimo.

«Chi è?» ha detto.

«Felici'».

«Fosco?»

«Sí».

«Non ci credo».

«Non sono mica morto».

«Sí che lo sei, in un certo senso».

Non ho replicato perché aveva ragione, perdersi di vista è una variante del morire, tanto piú evidente quando sei tu che sparisci, diradando gli incontri o rendendoti latitante all'improvviso senza spiegazioni, imponendo un'assenza che l'altro non capisce neanche, al punto che si domanda se non sia colpa sua, se con un gesto inopportuno o una battuta indelicata ti abbia offeso fino a spingerti a non volerlo piú vedere, e ripercorre il passato recente alla ricerca di un urto, un incaglio, un attrito di cui non ha colto la gravità nell'attimo in cui, senza volere, ha aperto la crepa, e non trovandoli non ti chiede ragione ma aspetta, confida nel giorno in cui tornerai e gli dirai cosa ti ha allontanato e perché hai fatto perdere le tue tracce, mancando a tutti quegli appuntamenti che non c'è mai stato bisogno di prendere ma a cui eri sempre andato, perché quello è il patto tacito dell'amicizia, ritrovarsi.

«Come stai?» gli ho chiesto soltanto, faticando per levarmi le parole di bocca.

Mi ha fatto aspettare dieci secondi, durante i quali ho temuto che attaccasse.

«Se non fossi cosí contento di sentirti, ti direi che non sono affari tuoi».

«Mi dispiace. Non so perché sono sparito. Non lo volevo neanche».

Il silenzio che è seguito sembrava non finire. Felicino andava avanti e indietro per la stanza, sentivo i passi. Lo immaginavo nella sua casa di quando eravamo bambini. I muri erano scrostati e c'era una grossa macchia vicino all'unica finestra del piano terra. La porta dava direttamente sulla strada. Aveva l'odore della povertà.

«Forse è meglio se ti chiamo in un altro momento», ho detto.

«No».

Ha risposto di scatto, questa volta. Un no categorico, come mi avesse afferrato per un braccio.

«Se chiudi non chiami piú».

E lí mi sono venute le lacrime agli occhi.

Altro silenzio. Poi ha ripreso: «Sono venuto a cercarti, una volta».

«Lo so».

«Ti ricordi cosa mi hai detto?»

Mi sono coperto la faccia con la mano, anche se nessuno mi vedeva.

«Sí».

«Era mattina, il pullman ripartiva alle otto di sera. Ho girato per strada tutto il giorno, non avevo niente da fare e cinquemila lire in tasca. Avevo perso il lavoro».

«Che cosa?»

«La fabbrica aveva chiuso, il padrone ci aveva buttato fuori tutti».

Ho guardato verso la finestra mordendomi le labbra fino a farmi male. C'era un piccione sul davanzale, aveva una zampa amputata.

«Non lo sapevo».

«Venire in città è stato semplice. La fatica è stata chiamarti. Non avrei mai pensato di sentirmi in imbarazzo con te».

La mamma di Felicino era emigrata in Germania. Andava a trovarlo ogni 2 aprile, il giorno del suo compleanno. Lui viveva con una zia, vedova e senza figli, e con la sorella piú grande, che non parlava. Quand'era contenta di vederti ti strofinava un dito sulla bocca, come per toglierti una briciola. Felicino conosceva la lingua dei segni, o meglio quella che si erano inventati per dirsi le cose. Ogni tanto m'insegnava delle parole.

«Volevo una mano, speravo potessi raccomandarmi a qualcuno. Chissà, tante volte nel tuo palazzo non avevate il portiere. Ma speravo cosí, a vanvera, mica credevo veramente che mi potevi aiutare. Forse avevo solo bisogno di conforto, di sapere perché non ti facevi piú vivo. Quando mi hai liquidato con quella frase ti avrei chiuso il telefono in faccia. Invece ti ho detto che non dovevi farti problemi perché ero io che mi ero presentato senza avvisare. Poi non ti ho piú cercato».

Quel giorno aspettavo un fotografo di Milano che veniva a fare un servizio per una rivista. Fu quello che dissi a Felicino per non vederlo, pur sapendo che il fotografo sarebbe ripartito subito dopo lo shooting, che non sarebbe durato piú di un'oretta. Mi ero fatto anche un po' pregare perché non mi piace mettermi in posa, girare le sedie al contrario e sedermici, incrociare le braccia sulla spalliera e toccarmi la stanghetta degli occhiali. I fotografi letterari ti chiedono sempre di toccarti la stanghetta degli occhiali, quando ti fotografano. Forse pensano sia un gesto che evoca capacità d'introspezione. Per questo da un po' me li tolgo, anche se con gli anni e l'astigmatismo mi sono venuti gli occhi da testuggine: del mio aspetto non m'importa piú. Della faccia sí, perché la faccia è soprattutto un concetto. L'aspetto invece è per i vanitosi, è puro trucco. Non che io pensi male della vanità, la considero uno stimolante dell'umore, ma è impegnativa, richiede manutenzione, espone al ridicolo (il vanitoso è facile da prendere in flagranza), e poi fa male alla scrittura. Le poche vanità che avevo le ho perse con gli anni. Togliersele è un po' come smettere di fumare.

Tutto questo per dire quanto poco m'importasse di quel servizio fotografico, e quanto fosse pretestuoso che lo adducessi come scusa per non rivedere uno dei miei piú vecchi amici. Quando glielo dissi, peraltro dopo un'esitazione iniziale piuttosto penosa, capii dal suo silenzio che non mi aveva creduto. Sapevo anche, perché me l'aveva detto, che il pullman per Cavaliere sarebbe ripartito la sera, e la sua telefonata l'avevo ricevuta alle nove del mattino: non era credibile che non riuscissi a trovare po' di tempo per lui nell'arco dell'intera giornata.

A ripensarci adesso, non so come abbia fatto a trattarlo in quel modo. Se avessi dato retta al mio cuore bambino, gli avrei detto: «Vieni anche tu», dimostrando il mio scarso interesse per quel sipariettto promozionale che mi obbligava a mettermi in posa come un manichino da vetrina. E mi sarei lasciato prendere volentieri in giro mentre il fotografo mi avrebbe chiesto di toccarmi la stanghetta degli occhiali o di sedermi al contrario su una sedia o di accostarmi a un vecchio portone (avevamo concordato di fare le foto fra le stradine del centro storico) fingendo di guardare altrove (come se poi nelle foto in cui guardi altrove non si capisca che stai guardando altrove apposta) o di sorridere, una richiesta che mi ha sempre messo a disagio, perché è biologicamente impossibile sorridere a comando, anche se tutti i fotografi te lo chiedono, certi finanche con una sottile nota di biasimo se non lo fai, quasi ti rimproverassero di scarso spirito di collaborazione. E già m'immaginavo Felicino fare le smorfie alle spalle del fotografo per strapparmi una risata autentica, e di sicuro sarebbero stati gli scatti che avrei scelto quando il fotografo me li avrebbe sottoposti alla fine dello shooting. Invece, quando mi chiamò, ebbi un moto d'insofferenza. Se almeno mi avesse risparmiato l'improvvisata, se mi avesse avvertito con qualche giorno d'anticipo, avrei avuto il tempo di elaborare una scusa credibile. Saperlo in città, fiducioso nella sorpresa che pensava di avermi fatto, entusiasta di vedermi di lí a poco, mi faceva sentire preso in castagna, m'imponeva di arrampicarmi al primo specchio disponibile per sottrarmi all'incontro. Ero irritato da quella costrizione a mentire e non intendevo uscire dalla latitanza che mi ero scelto. Il passato si autoinvitava da me confidando nella mia accoglienza, ma io non volevo piú saperne. L'avevo nel cuore (è questo che significa ricordare), ma me l'ero lasciato alle spalle. Mi mancava, ma volevo che si scordasse di me.

All'inizio la vendita della casa di Cavaliere mi aveva lasciato indifferente, anzi, alleggerito dal carico di gestirla, col dispendio di energie e di denaro che comportava, la difficoltà di reperire personale che si occupasse della cura del giardino, della riparazione di un tetto, di un cancello, di una finestra (per quanto mi cimentassi, finivo sempre per misurarmi con la mia inettitudine ai lavori manuali, c'era sempre un punto d'arresto, un passaggio su cui m'incagliavo e che non riuscivo a superare, e quel bisogno di aiuto, il dipendere dalla capacità di un addetto ai lavori spesso introvabile, mi lasciava in una sospensione frustrante, simile a quella di chi resta fuori casa perché ha dimenticato le chiavi all'interno e aspetta che un familiare venga ad aprirgli con le sue). Dopo qualche settimana, però, sentii montarmi dentro una tristezza e un senso di colpa che nei mesi successivi continuarono a lievitare fino a procurarmi uno stato che potrei definire di depressione, se mi fidassi dell'idea che ho io della depressione. Perché avevo acconsentito alla vendita? Perché avevo detto di sí a quel precipitoso, nevrotico bisogno di liberarmi di una casa dove avevo passato buona parte (la piú felice, la piú libera) della mia infanzia? Perché, piú o meno da un giorno all'altro, quella povera casa era diventata un peso per tutta la mia famiglia? Che c'entrava lei con la nostra svogliatezza nell'occuparcene? Eravamo cosí maldestri, cosí incapaci di prendercene cura o cosí economicamente malmessi da non poterci permettere di tenerla? Cosa aveva fatto scattare in tutti noi una specie di esasperazione verso quella casa che non aveva nessuna colpa? C'era (lo sentivo, anche se non l'avevo ancora messo a fuoco: se l'avessi fatto mi sarei tirato indietro anche all'ultimo) qualcosa di volgare in quell'impulso a vendere. Un che di cinico. D'ingrato. Non vendevamo per ricomprare. E neanche per dividerci il prezzo. Non avevamo bisogno di soldi. Volevamo, semplicemente, liberarcene. Abbandonarla.

Avevo firmato il rogito senza rendermene conto, come se quell'atto fosse reversibile (capita spesso di fare un passo definitivo scoprendo solo in seguito di non poter tornare indietro). Come se avessi sottoscritto un affitto, invece di una compravendita. Non avevo realizzato, e di questo ancora mi do colpa, che la vendita della casa consisteva nella sua perdita. Non era piú nostra: altri avrebbero abitato quelle stanze, cancellando ogni traccia di noi. Avevo sottovalutato la cosa, minimizzare l'ovvio è un errore che commettiamo in molti. Non avevo piú la mia casa, e quel rimorso somigliava allo smarrimento degli amori perduti, lasciati andare alle prime avvisaglie di stanchezza, quando al senso di liberazione iniziale segue la vera solitudine, che è mancanza di uno e non di tutti (perché le persone sono infungibili, e non esistono vuoti colmabili). Spesso mi tornavano alla mente piccoli squarci di un ambiente o di una stanza, il piede di un tavolo, una mattonella sbeccata, il pallore di una finestra, le frange di un copriletto, come smorfie di persone care che ricompaiono dal niente (chissà cosa le richiama, quale associazione minuscola solleva il ricordo). Fotogrammi che l'occhio aveva memorizzato in ordine d'altezza via via che gli anni passavano (a volte capitava che mi piegassi sulle ginocchia per ritrovare la prospettiva da cui, bambino, seguivo il taglio della luce del sole al tramonto che entrava dal riquadro basso della finestra aprendosi a ventaglio sulle ceramiche del pavimento, consentendomi di giocare con le mani e con le ombre per comporre sagome di animali che avevo imparato sui *Quindici*, una piccola enciclopedia per ragazzi con i dorsi multicolore che ancora conservo, tra le poche cose scampate all'abbandono), e ogni volta quei lampi di memoria mi davano dolore, mi portavano via dal posto in cui ero, tanto che qualcuno mi chiedeva dove fossi (come se il luogo in cui ti trovi fisicamente meriti l'esclusiva), allora cercavo di ricompormi, raccontavo d'essermi incantato, ma non era cosí ed era evidente che non lo fosse: l'incantamento è una fissità, un'immobilità provvisoria della mente che assecondiamo con un sottile piacere; il ricordo che addolora ti lascia vigile ma estraniato dalla realtà, come quando una preoccupazione irrompe nel presente e lo sfascia, sbaragliando la concorrenza di ogni altro pensiero.

In quei momenti sentivo ancora l'odore di chiuso di quando arrivavamo ad agosto e spalancavamo le finestre per far entrare aria sapendo già che quell'odore stantio, come di tappo (però familiare), aveva impregnato il legno dei mobili e ristagnava nei cassetti, nella biancheria, nelle pentole e nelle stoviglie, nei tasti di un piano che suonava da solo se imparavi il movimento alternato dei due pedali nel vano in basso dello strumento, dove un rotolo di carta traforata e ingiallita che pareva un antico spartito veniva trascinato da due rulli facendo corrispondere ogni buco alla nota giusta da riprodurre, sicché bastava muovere i piedi per assistere allo spettacolo dei tasti bianchi e neri che si abbassavano e si rilasciavano da sé, quasi che il pianoforte fosse suonato da un fantasma.

E in quell'archeologia della memoria rivedevo spezzoni di scene che un po' ricostruivo e un po' mi parevano accadute, e oggetti che non mi perdonavo di aver trascurato, un banchetto da scuola pieghevole con la seduta incorporata e un ripiano di fòrmica verde su cui, bambino, passavo ore a disegnare e a leggere, una vestaglia a fiori di mia madre abbandonata in un armadio francescano, due leoni di marmo (regalo di amanti piú o meno intuíti, piú o meno tollerati) che stazionavano sulla porta d'ingresso del piano superiore come guardiani (presero anche quelli, in uno dei tanti furti che subimmo nel tempo). E poi l'aria vergine di mattina presto, l'erba cosí brillante che quasi accecava, l'apparizione di una volpe che si fermava qualche secondo per capire se volessimo lanciarle del cibo, e non era spaventata, solo non permetteva che ci avvicinassimo, concedendosi alla vista con la superbia selvatica dell'animale che non si lascia addomesticare. Di tutto questo e d'altro sentivo una mancanza colpevole, una privazione che non riuscivo a perdonarmi. Detestavo me stesso e la mia famiglia ripensando al momento della firma, al sorriso felice del compratore che finalmente aveva trovato la casa che tanto aveva cercato (ed era sornione, soddisfatto, come fosse riuscito a soffiarcela), all'indifferenza del notaio curvo sulle carte mentre leggeva quelle parole definitive con velocità mortificante, neanche avesse altro da fare e volesse liquidarci al piú presto (ma lo sanno i notai che tante volte la stipula di un atto è un'asportazione di carne viva per una delle parti sedute di fronte a lui; si rendono conto di certificare una perdita?) E pensavo, quando pioveva, al profumo della terra che cambiava, al lento scivolare delle gocce d'acqua lungo la superficie delle foglie, al nocciolo su cui mi arrampicavo e di cui conoscevo ogni ramo, ogni curvatura, alla sagoma dei monti che come un dipinto incombeva irreale sul paese. Mi mancava tutto. Sentivo di aver tradito la mia infanzia, i miei compagni di gioco, la felicità degli anni dell'incoscienza, i piú belli, quelli che si racconta si rivedano nitidamente negli ultimi istanti di vita. Per questo avevo deciso di scappare, di non tornare piú in quel paese a cui avevo voltato le spalle, che avevo svenduto per quattro soldi, come un piccolo Giuda. E neanche sapevo cosa farmene di quei soldi, non li volevo, mia sorella aveva reinvestito la sua quota in un piccolo appartamento, la mia era ancora in banca e attendeva una qualche decisione. Cosí un giorno chiamai Maddalena e le dissi che se voleva poteva tenersi pure la mia parte.

«Ma che ti prende, cosa sei, scemo? Mi lasci i tuoi soldi?» disse.

«Non li voglio, Madda. Veramente».

«Be', neanch'io i tuoi».

«Mi sentirei meglio se li avessi tu».

«Hai un figlio, Fosco, devo ricordartelo? Dalli a lui, apri un conto apposta e lasciali lí, deciderà Cristiano cosa farne. Santo cielo, certe volte ti s'inceppa il cervello».

«Incredibile, non ci avevo pensato».

«Te l'ho detto, ti s'ingrippa il cervello, a te. Ecco perché fai il mestiere che fai».

«Questa non l'ho capita».

«Be', è semplice. Non sei fatto per le risposte rapide. Puoi prenderti anche mezza giornata per scrivere una frase».

«Stai dicendo che sono un po' ritardato?»

«Tutti gli scrittori lo sono».

Qui ero rimasto senza parole, sospettavo che ci avesse proprio azzeccato. Mia sorella è cosí: un vero talento nell'essenzializzare. Ma aveva solo cominciato.

«E poi fatti un piacere, Fosco. Piantala con questo sentimentalismo da orfanello. Non hai abbandonato il cane in autostrada, hai solo, cioè, abbiamo, venduto una casa».

«È quel "solo" che non mi trova d'accordo».

«Ne abbiamo parlato cento volte, quella casa era una rogna, lo vuoi capire? Non ci andavamo piú. Né tu né io né i nostri figli né mamma. E poi scusami, a che ti serve possedere una casa?»

«Non ho capito».

«Hai perso una casa, e allora? Tu ci campi, di questo. Non si scrive forse per raccontare quello che si è perso?»

Aveva ancora ragione, ovviamente. Uno scrittore non colleziona cimeli. Tiene le cose che ha perduto in una stanza interiore dove nessuno può entrare. È, per cosí dire, piú interessato alla morte, che è un dramma, che alla vecchiaia, che è accanimento della vita. Cosa se ne fa di una casa che invecchia con lui, che gli sopravviverà e cambierà proprietario?

Lo sapevo, l'ho sempre saputo, lo so. Quando Maddalena mi ha svegliato con quella secchiata (è cosí fin da piccola, insofferente alla moderazione), non ho saputo cosa risponderle. Darle ragione mi avrebbe fatto sentire ancora peggio. Ma non fu per quello che restai zitto. Scelsi il silenzio per non ammettere la verità, e cioè che quel cimelio lo volevo ancora. Rimpiangevo il gelso, il nocciolo, i muri a secco, la cucina a legna, il piano, la volpe, il corvo. Sí, il corvo.

Geppo era il nome che gli aveva dato il nonno. Non ne avevo piú parlato, neanche con Maddalena. C'era anche lei quel giorno. Nel racconto l'ho chiamata Antonio, chissà perché, forse per proteggerla dal dolore. Abbiamo tenuto il segreto come fosse stata colpa nostra, come succede sempre ai bambini quando gli fanno del male. Lo teniamo ancora, in un certo senso.

Solo una volta, a tavola, qualche anno dopo, mio padre piegò le labbra in una smorfia simile a quella che gli avevo visto fare quel giorno, e che non ho mai dimenticato. Allora allungai la mano verso la caraffa dell'acqua con l'intenzione lucidissima di brandirla e spaccargliela in faccia.

Per un attimo, come un trailer, immaginai il suo sguardo scandalizzato, fisso sulla brocca attaccata alla mia mano che stava per abbattersi sulla sua testa, e vidi lui restare inerte, incapace di azzardare un tentativo di difesa, come non riuscisse a credere che suo figlio potesse arrivare a tanto.

Ma non se ne accorse neanche. Mamma, forse; Maddalena sicuramente, perché spostò gli occhi dalla brocca ai miei, e per un attimo la vidi dilatare le narici e sorridere.

Riuscii a controllarmi solo perché sapevo che non avrebbe neanche capito il senso di quel gesto. Sarebbe stato come colpirlo alle spalle.

Io volevo che sapesse.

Allora, forse, ne sarei stato capace.

Geppo e un cane

Noi quattro, in quel viaggio in macchina, come chiusi da fuori. È il regno dei grandi. Papà: attento a come parli, si arrabbia per niente. Mamma: seduta accanto a lui e rivolta verso il finestrino, con il rimorso in braccio.

Io, dietro, so già fingere. Parlo con tutti e due, faccio domande inutili per non sopportare quel silenzio. Antonio, di poco piú grande di me, se ne sta in disparte dietro l'ultimo «Linus» con l'aria sempre un po' piú intelligente della mia.

Arrivavamo a Cavaliere, il paese di montagna dov'era cresciuta mamma. Era bello, secondo me. Aveva i colori dell'autunno, tanti scalini e portoni vecchi come alberi, fumi profumati di comignolo. E poi la casa dei nonni, l'odore che aveva, tante stanze che quando ci tornavi sembravano contente di vederti, il pianoforte con i tasti scarabocchiati e Papa Giovanni sul caminetto. E il mio amico Felicino, che emozione ritrovarlo ogni volta.

Io correvo nei prati tutt'intorno, cosí, senza niente da raggiungere. E salivo sugli alberi. Ci passavo del tempo. C'erano le vipere, ma non avevo paura.

Antonio giocava poco con me, si sceglieva i suoi angoli e leggeva. Non si muoveva volentieri. Era grassottello, allora.

Papà si truccava da uomo di fatica e passava il giorno a falciare i prati e a preparare la griglia.

Mamma c'era sempre, c'è stata sempre.

Avevamo un fucile, un vecchio Flobert che era appartenuto al bisnonno. Quando gli andava, soprattutto la domenica, papà ci faceva sparare alle bottiglie. Ogni volta era un esame, non riuscivamo mai a imbracciare l'arma in quel modo strano che diceva lui. Era talmente scomodo. Lui poi era cosí puntuale nel riprenderci che sembrava sapere in anticipo quando e come avremmo sbagliato. Antonio ne soffriva piú di me. Anch'io ci restavo male, ma poi mi passava.

«Ti ho portato un regalo», mi disse un giorno il nonno con l'aria di uno che mi avrebbe voluto dare il mondo. Il regalo era un corvo. Lo teneva sul palmo di una mano e con l'altra gli toccava le ali, delicatamente, senza alcuna pressione, come per rassicurarlo.

«Corvo Geppo!» lo chiamava sorridendo, e cercando il mio sorriso. Lo lasciò con una ciotola d'acqua in un piccolo appezzamento di terreno vicino al giardino davanti a casa. Mi fece sedere sul muretto accanto a lui e cominciò a incantarmi con le sue parole.

Il nonno era un cantafiabe. Credevo a bocca aperta a tutto quello che mi diceva. Allora non sapevo nemmeno che lavoro facesse. Era il nonno.

Mi faceva impazzire di curiosità per quel corvo. Diceva che sarebbe vissuto cent'anni, che piú che mangiare beveva, che se lo avessi guardato bene lo avrei trovato bellissimo. E io lo guardavo. Saltellava nell'erba, indifeso e superbo insieme, con quegli occhietti senza espressione che sembravano ignorare tutto quello che c'era intorno. Non pensavo che un animale come quello potesse affezionarsi a qualcosa o a qualcuno, e invece l'indomani stava appollaiato sulla spalla del nonno, che me lo mostrava tutto orgoglioso come a dirmi: «Hai visto che non ti racconto bugie?»

Qualche giorno dopo, papà tornò a casa con un rotolo di rete di plastica verde sotto un braccio, e nelle mani un martello, dei chiodi e dei paletti appuntiti. Passò insofferente davanti a me e Antonio e ci fece segno di seguirlo. La conoscevamo quella fretta, impellente e assoluta, come di chi si sente costretto a ripeterti qualcosa che non ti ha mai detto a parole.

Andò sul praticello dove stava Geppo e posò a terra quello che aveva. Voleva fargli un recinto.

«Perché?» gli chiesi.

Non mi rispose.

Ci ordinò di srotolare la rete, poi prese i paletti per fissarli a terra.

Al primo colpo di martello, Geppo sembrò impazzire.

Prese a correre in ogni direzione, come non trovasse una via di fuga. Papà continuava a martellare il paletto, e piú martellava piú Geppo correva, saltava, gracchiava con una voce disperata, gonfia e acida, come urlandogli di smettere, come se quelle martellate gli stessero rimbombando in corpo.

Chiedevano aiuto, quegli occhietti senza luce.

A un tratto sembrò avere un attimo di speranza. Riprese a correre, ma in una direzione precisa, verso il terreno che confinava col nostro. Saltò il filo spinato, atterrò dall'altra parte e ricominciò a correre. Aveva smesso di gracchiare.

Papà gettò a terra il martello, raccolse un ramo dall'erba e lo rincorse.

Lo seguii con lo sguardo per un po', poi non lo vidi piú.

Tornò poco dopo, con Geppo stretto per le zampe, a testa in giú.

«Preso», disse. Un rivolo di sudore gli colava dalla fronte. Abbozzò un sorriso, smorfiato dalla vergogna. Posò Geppo sull'erba.

Non era morto. Respirava. Piano ma respirava. Gli occhi socchiusi, arresi.

Aiutammo papà a montare il carcere.

Era diventato affettuoso.

«Andiamo da Geppo, - mi disse il nonno dopo il suo pisolino pomeridiano. - Accompagnami».

Io non gli raccontai della rete.

Capí appena la vide ed emise un balbettio di dispiacere bambino. Si chinò sul corvo, anche se grosso com'era faceva fatica a piegarsi, tese la mano e lo accarezzò come sempre, prima sulla testa e poi sulle ali, ma Geppo non gli rispondeva piú come prima. Non ricordo di aver mai visto il nonno cosí triste.

Ma lui a papà non avrebbe mai rimproverato niente.

Avevo trovato un cane per strada, in paese. Lo avevo chiamato Billy. Era un cucciolo, di quelli che non si comprano, con gli occhi da orfano e una macchia sul muso. Papà non sopportava i cani perché sporcano. Io me l'ero portato a casa lo stesso e lui aveva fatto finta di niente. Tanto, finché eravamo in montagna.

Mamma lo coccolava come un bambino, a volte lo chiamava senza accorgersene col mio nome. Perfino Antonio aveva cominciato a giocare con me per stare con lui. Anche papà lo accarezzò, una volta. Stava riverniciando la porta del garage e aveva i guanti.

Di notte Billy dormiva fuori. Se pioveva, gli lasciavamo il pollaio aperto.

Ogni tanto, quando giocavamo, mi guardava come per chiedermi: «Ma perché sei triste?»

Qualche notte ero riuscito perfino ad addormentarmi convincendomi che alla fine di agosto papà me l'avrebbe fatto portare a casa. Poi, quando iniziò l'organizzazione dei bagagli (come al solito con un paio di giorni di anticipo, come voleva lui), e mi fu chiaro che lo spazio per Billy in macchina non c'era, decisi.

Cosí, da un momento all'altro.

Era domenica mattina e dovevamo sparare alle bottiglie col Flobert. Tenevamo Billy legato al cancello. Prima sparò papà, poi Antonio.

Venne il mio turno. Mi tremavano le gambe ma cercai di non darlo a vedere. Papà si allontanò da noi di qualche metro per riempire la ciotola di Billy. Aspettai che si avvicinasse a Billy, mi girai di scatto verso di lui e gli puntai il fucile contro.

Rimase immobile, scandalizzato, la bocca semichiusa.

Mirai e sparai.

Non ero mai riuscito a colpire una bottiglia, ma quella volta avevo fatto centro.

Avevo ammazzato Billy, e quella fu la prima volta che papà mi guardò negli occhi.

Ciciú

«Mi dispiace, Felici'. Non so che altro dire. Avevo bisogno di allontanarmi da tutti voi. Non sopportavo piú di non avere casa mia».

«Potevi dirmelo».

Nel silenzio che è seguito ho temuto che riagganciasse, magari senza neanche salutare. Invece si è ammorbidito.

«Avrei capito, se me l'avessi detto. Anche a cose fatte».

Avevo ancora il racconto di Geppo sulla scrivania, lo guardavo come una cambiale scaduta. L'avevo scritto intorno ai vent'anni con la Lettera 22 del nonno, che conservo ancora da qualche parte. Quattro fogli legati da una graffetta, ricoperti qua e là da quelle macchioline color ruggine che si formano sulla carta quando invecchia. Vederlo riapparire dal fondo di un cassetto era stato come trovarmi un rimorso in faccia. Lo stesso, forse, che mia madre tiene in braccio nelle righe iniziali del racconto.

«Te lo ricordi il corvo?» ho detto.

«Il corvo?»

La temperatura del dialogo era già cambiata.

«Quello che mi aveva regalato mio nonno. Te lo ricordi?»

«No».

Ho soffiato un po' d'aria dal naso.

«Sí che te lo ricordi».

Pausa. L'ho sentito ridacchiare.

«Non ti volevo dare la soddisfazione».

«Ma va'?»

Sono rimasto ad aspettare la replica, che è arrivata in cinque lettere:

«Geppo».

Ho sorriso, mentre mi si riempivano gli occhi. Il rancore era passato, una gioia infantile mi formicolava lungo la schiena.

«Non ci credo che ti ricordi pure il nome».

«Tu lo chiamavi Geppo. Tuo nonno lo chiamava "corvo Geppo"».

«Come no».

«Anzi: "corvo Geppo!"»

«Vero. E faceva sentire sempre il punto esclamativo, manco presentasse un'attrazione da circo».

Mi sono alzato dalla scrivania e sono andato alla finestra. Al balcone di fronte c'era una donna che fumava e si guardava intorno con un mezzo sorriso al lato destro della bocca, come volesse ammiccare a qualcuno che non c'era.

«Lo sai che è ancora vivo?»

«Veramente?»

«Veramente. Lo tiene Barbara».

La figlia di Rocco, il contadino confinante. Me la ricordavo piccola, scalza e con le ginocchia sbucciate. Avevamo litigato, poi avevamo fatto pace, o meglio le avevo chiesto scusa ed eravamo diventati amici. Ogni tanto mi chiedeva la bicicletta e io gliela davo, anche se il padre non voleva perché aveva paura che si facesse male.

Mi si è stretta la gola mentre mi appariva l'immagine del nonno in maniche di camicia, pantaloni corti e sandali, le gambe magre e glabre, seduto sul muretto: «I corvi possono vivere quasi cent'anni».

Non era un fotogramma sbiadito nella memoria. L'ho visto muovere la testa e stringere gli occhi per guardarmi, come fossi io lo sfocato.

«In tutti questi anni non ho mai saputo che fine avesse fatto».

La donna sul balcone di fronte ha spento la cicca in una fioriera ed è tornata dentro.

«Anch'io l'ho scoperto da poco. Barbara fa la veterinaria, mi ha curato il cane l'anno scorso. Quando gliel'ho portato era lí, l'ho riconosciuto subito. Ce l'aveva su una spalla».

«Non ci credo».

«Ah no? Vieni a vedere con i tuoi occhi. Avvertiamo Barbara, sai come sarà contenta di vederti».

«Cristo santo».

«Se l'è preso quando siete andati via alla fine di quell'estate. Vedessi, si è affezionato a lei come un cagnolino. Ciciú, lo chiama Barbara. Alza la mano, schiocca le dita e quello vola subito da lei».

«Ciciú?»

«Sí. Gli ha cambiato nome, per sentirlo piú suo, immagino. Mi ha detto che da piccola si nascondeva dietro al muro a secco per guardarlo».

Venire a sapere all'improvviso che Geppo era ancora vivo e aveva un altro nome, che la bambina a cui prestavo la bicicletta di nascosto dal padre lo aveva salvato e se n'era presa cura per tutti quegli anni, mi ha stretto il cuore come una spugna e l'ha lasciato andare lentamente, tanto che l'ho sentito dilatarsi e poi riprendere a battere. E mentre sorridevo di una gioia retroattiva mai provata, che cancellava in un attimo il dolore, ho pensato che non tutto quello che abbandoni va a morire. Che qualcosa può salvarsi e rinascere all'insaputa di te, altrove, dove non sai, magari a un passo da casa tua, e crescere, riprodursi, invecchiare e assolverti dall'accusa che hai rivolto a te stesso anche se non è mai stata colpa tua (cosa avresti potuto fare a dieci anni, in quel regno dei grandi?) Forse la speranza non è attesa, e nemmeno fiducia. Forse la speranza è incrociare per strada qualcuno a cui tenevi la mano un tempo e riconoscerlo mentre si allontana e non ti vede, seguirlo con gli occhi mentre rallenta e poi si ferma come avesse sentito qualcosa, un sospetto, una presenza, è un attimo, fa per voltarsi, poi scuote la testa e rinuncia.

«Ti ho sempre seguito, sai? Ho letto i tuoi libri. Anche a mia moglie piacciono».

«Ti sei sposato?»

«Sí».

«Figli?»

«Una».

Mi ha fatto aspettare, prima di aggiungere: «Si chiama Dorina».

«Che cosa?»

«Eh già».

«Non mi dirai che...»

«Sí».

Siamo rimasti zitti tutti e due. Poi è stato Felicino a riprendere:

«Non ce l'ho mai avuta con te, Fosco».

«Avresti dovuto. Dovresti».

«Sí, è vero. Ma non ce la faccio».

«Ehi».

«Cosa».

«Quanti anni ha?»

«Ma chi?»

«Come chi. Dorina».

«Dieci».

«Dieci».

«Capito? Ho una bambina di dieci anni e non l'hai mai vista».

Al che me la sono stupidamente immaginata rossa, lentigginosa, gli occhi verde acqua; un vestitino a fiori, fondo color crema, un cerchietto nei capelli e le scarpette coi due buchi, che chissà se fanno ancora.

«Me la fai conoscere?»

L'ho sentito passarsi il telefono da un orecchio all'altro.

«Hai intenzione di tornare?»

«Sí».

«E come mai?»

«Mi sto separando».

«Da chi?»

«Da Alice. Da chi se no?»

«E a me lo domandi? Non ti vedo da quando avete venduto la casa. Per quanto ne so potevi esserti sposato tre volte».

«Ah, giusto».

«E perché vi separate?»

«Non so. Forse per la stessa ragione per cui ci siamo sposati, immagino».

Ha sospirato:

«Dài, questa è proprio da cretino intellettuale».

«Volevo solo offrirti una pernacchia su un piatto d'argento».

Siamo scoppiati a ridere. Ero cosí contento che ho preso un elastico dal portapenne e l'ho teso fra le dita fino a spezzarlo.

«Però non ci credo», ha detto.

«A cosa».

«Che ti sei perso una come Alice».

«E perché non il contrario, scusa?»

«Perché lei è piú speciale di te».

M'è venuto da starnutire.

«È vero. Non so se è una battuta ma è vero».

«Non era una battuta».

«Ti ringrazio molto».

«È lei che vuole separarsi?»

«Soprattutto lei».

«Ma tutto questo cosa c'entra col tornare a Cavaliere?»

«Poi te lo spiego. Intanto ho bisogno che mi trovi una casa».

«Una casa».

«Una casa».

«Qui».

«Lí».

«A Cavaliere».

«No, a San Vigilio di Marebbe. Sono cinque minuti che ripeti la stessa domanda».

«Alice ti ha sfrattato e vuoi venire a stabilirti qui?»

«Vengo con lei».

Ci ha pensato sopra un paio di secondi:

«Un tentativo di salvataggio in extremis?»

«No, proprio il contrario».

«Cioè?»

«Me la trovi questa casa o no?»

«E sí che te la trovo, capirai che ci vuole. Per quanto tempo vi serve?»

«Questo non lo so. Potrebbe essere una settimana come un mese. Cioè: io potrei pure restare un mese, o anche di piú se mi va, ma lei no».

«Insomma vi serve tipo un bed&breakfast».

«No, non li sopporto i bed&breakfast. Voglio una casa».

«Vabbuo'».

«Allora mi chiami tu?»

«Sí, dammi un paio di giorni».

Stavamo per salutarci, sospesi in uno stallo reticente: nessuno dei due sapeva se riprendere o meno l'argomento che piú ci stava a cuore. E io non ce l'ho fatta a tenere la bocca chiusa:

«Felici'».

«Che vuoi».

«Mi perdoni?»

«No».

Silenzio.

«Vabbuo'».

Lo so che ridacchiava, dall'altra parte.

«Piuttosto», ha detto.

«Piuttosto cosa».

«Dove sta Sant'Egidio di Marebbe?»

«San Vigilio, di Marebbe».

Le false intese

Non ho mai voluto che dormissimo in camere separate. E neanche in letti separati. È già abbastanza triste non fare piú l'amore: che almeno si stia vicini. A letto si fanno tante cose oltre al sesso, per esempio annunciare, rimproverarsi, discutere, litigare, fare pace, prendere decisioni e scendere a compromessi. Una cosa che faccio volentieri (o meglio facevo, ma preferisco parlare al presente, dato che mio marito e io dormiamo ancora insieme) è rivangare vecchi torti mai superati, che Fosco neanche ricorda o in cui nemmeno c'entra. Quando comincio lui mi dice che rimestare nei torti scaduti è una tipica molestia da camera da letto che gli infliggo per non farlo dormire, e che se soffro d'insonnia sarebbe il caso che mi alzassi e facessi dell'altro invece di rompergli i coglioni, e siccome è vero io nego e gli dico che non è giusto né carino da parte sua che non mi ascolti, dal momento che il peso che mi è rimasto sullo stomaco dovrebbe essere un problema anche suo.

Sí, lo riconosco, a letto mi viene voglia di litigare, specie da quando abbiamo smesso di fare l'amore. Ma anche questo dimostra, almeno credo, che a letto ci si abbandona piú facilmente alla sincerità. E poi c'è il buio che contribuisce. Parlarsi a letto è un po' come deporre sotto giuramento. Diventa tutto un po' scenografico, ed è piú difficile ritrattare. Poi va be', si può mentire sempre e dovunque, fra le lenzuola o in tribunale, con il buio e con la luce, ma anche chi mente per abitudine a letto fa piú fatica. Me ne accorgo persino coi pazienti. Da distesi sono piú sereni, filosofici, accolgono meglio le notizie piú tristi. E tendono a confidarsi. A volte ti prendono la mano. Ma basta che si tirino su con la schiena per cambiare stato d'animo quasi di colpo. A seconda dei casi diventano reattivi, ansiosi, polemici; oppure s'inarcano in avanti e pendono dalle tue labbra come in una supplica. Io vorrei tanto dirgli quello che si aspettano di sentire, e quando mi arrampico sugli specchi per tirargli fuori un po' di fiducia, mi prende uno sconforto che mi rovina le notti. Come adesso, che proprio non ce la faccio a restare a letto da sola e raggiungo Fosco che se ne sta seminconsciente davanti alla tv. Il sistema che abbiamo concordato senza dircelo per dividere il letto separatamente: io mi avvio in camera molto prima, lui si stende sul divano a scorrere a tempo indeterminato le locandine dei film delle piattaforme (senza poi vederne nessuno) fino a raggiungere quel tipico stato catatonico che disarticola il corpo in posture sgraziate da marionetta ubriaca, per cui quando ti alzi impieghi qualche secondo a ricomporti e ti sembra che i panni ti stiano addosso al contrario, e poi mi raggiunge nel cuore della notte, quando ormai dormo profondamente e neanche lo sento infilarsi sotto le lenzuola, tenendosi a debita distanza da me. E dire che fino a poco tempo fa dormivamo avvinghiati come due koala.

– Fosco.

Lui sente la mia voce, scuote la testa, mi localizza sulla porta e poi mi mette a fuoco.

– Potresti venire a letto, per favore?

Si mette a sedere, chiude a pugno la mano destra e si strofina l'occhio opposto, che gli lacrima piú dell'altro. Un gesto infantile che mi ha sempre intenerita.

«Fallo di nuovo», gli dicevo quando lo coglievo in flagrante.

«Ma cosa?»

«La manina sull'occhio», ribattevo ammiccando.

«La manina sull'occhio?» rispondeva divertito, un po' negando un po' ammettendo.

«E dài, fammi la manina sull'occhio».

«Io non faccio nessuna manina sull'occhio».

«Ma sí che la fai».

E chiudevo la mano a pugno e lo imitavo.

E lui rideva. E poi lo baciavo.

Ora queste cose non possiamo piú farle.

Uno dovrebbe pensarci, quando si separa. Dovrebbe sapere che non potrà piú dire a suo marito: «Mi fai la manina sull'occhio?» e provare a immaginare quanto gli farà male. Perché sono le minuzie che modellano la vita insieme. I piccoli gesti ricorrenti con cui disegniamo le parole nell'aria, i tic (che l'altro ben conosce e tollera oppure ama, se ti ama proprio tanto), le pause che ci prendiamo per ribattere, sono la punteggiatura della convivenza.

Ecco, questa della punteggiatura della convivenza potrebbe averla detta Fosco. Mi capita, lo so, di pensare o di parlare come lui. Quando succede, tipo quando chiacchiero con un collega o col parente di un malato e azzecco un'associazione o addirittura una metafora (a Fosco le metafore vengono come le battute a un comico), gli sono grata. E vorrei che fosse lí, per cogliermi nell'attimo in cui gli tolgo di bocca le parole che non stava neanche per pronunciare, e sorridere di quella coincidenza.

– Cosa c'è?

– Non riesco a dormire.

Inspira profondamente e trattiene a lungo. Mi viene in mente l'apnea dei bambini nei pianti prolungati, quando resti con il cuore in gola aspettando che riprendano fiato. Poi riattaccano a piangere dal punto in cui s'erano interrotti, e respiri tu. Nonostante sia un medico e sappia che gli spasmi affettivi (si chiamano cosí) sono innocui, anche a me, quando Cristiano li aveva da piccolo, veniva l'angoscia.

Fosco mi guarda con un mezzo sorriso. E mi accorgo solo adesso di aver pronunciato una frase da bambina di cinque anni. Ma se mi rifila una battuta delle sue mi levo una pantofola e gliela tiro contro.

– Ti senti bene?

– Sí.

Si scompiglia i capelli.

– Vuoi che ti prepari una camomilla?

– Quella posso farmela anch'io.

– Era solo per rendermi utile.

– Te l'ho detto come renderti utile. Vieni o no?

– Va bene, vengo.

E fa per alzarsi mentre tasta i cuscini del divano alla ricerca del telecomando, che come al solito non trova.

Mi avvio in camera, rimbocco le coperte anche se non serve, m'infilo a letto, mi approprio del cuscino di Fosco e lo aggiungo al mio per tenere alta la testa. Passa quasi un quarto d'ora prima che mi raggiunga.

– Con comodo, eh, – lo rimprovero.

Ha una tazza fumante fra le mani e me la offre.

– Cos'è?

Prima di rispondere abbassa lo sguardo sulla tazza:

– Una carbonara.

– Che ridere.

– Non la vuoi?

– Ma sí, dammela.

Mi tiro su e afferro la tisana. Cerco di non darlo a vedere ma il pensiero che ha avuto mi tocca il cuore. Fosco odia le tisane. Detesta i rimedi naturali, in particolare gli infusi che promettono rilassatezza.

La assaggio.

– Ci hai messo il miele?

Esce dalle pantofole e si siede sul letto.

– Non dovevo?

– Preferisco senza, ma va bene uguale.

Sorseggio la tisana. Piú che altro ci soffio sopra e mi bagno appena le labbra nel timore di scottarmi. Forse è a questo che servono le tisane, a soffiarci sopra.

Fosco prende a guardarmi con un filo di riprovazione, manco mi stessi mettendo le dita nel naso o qualcosa del genere.

– Io non so come fate a mandar giú quella roba.

– Io e chi?

– Tu e il vasto popolo che la beve.

– In effetti siamo in tanti.

– Non sa di niente, odora di profumatore per auto e per berne una tazza ci vogliono tre quarti d'ora. Mi sembra esasperante, oltre che masochistico.

– Me l'hai portata per criticarla?

– Figurati.

– Ora posso berla?

– Come no.

Mando giú un sorso.

– Comunque è vero che sa un po' di Arbre Magique.

– Ooh, lascia fare. Continua cosí e vedrai che ti passa la voglia. Sbaglio o ti sei fregata il mio cuscino?

– Te lo rendo fra poco.

– E io nel frattempo cosa faccio, mi leggo una poesia della Szymborska?

– Ti sdrai accanto a me e mi stai a sentire.

Si mette seduto sul materasso, guardingo come un animale, con la schiena appoggiata alla testiera.

– Cos'è che devi dirmi?

– Una cosa che è successa oggi. Non riguarda noi.

– È già tanto.

– La smetti di ribattere?

– Dio santo, Ali. Posso dire qualcosa anch'io o vuoi fare un podcast?

– Mi lasci parlare o no?

Si tace, finalmente.

Poso la tazza sul comodino e inizio:

– Ho incontrato il marito di una mia paziente al bar dell'ospedale, stamattina.

– E?

– Lei è morta da qualche mese. Una leucemia mieloide, gliel'avevamo diagnosticata poco piú di un anno fa.

– Te l'ho sentita nominare. Non lei, la leucemia. Cioè, quel tipo di leucemia. Non avevo capito fosse cosí violenta.

– Sí, è molto aggressiva, ma abbiamo anche delle remissioni complete addirittura prima del secondo ciclo di chemio intensiva. A volte. Lei non l'ha retta.

– Quanti anni aveva?

– Cinquantaquattro.

– Giovane.

– Eh.

– Figli?

– No. Il marito le è sempre rimasto accanto. Gli permettevo di restare fino a tardi, anche molto dopo l'orario delle visite.

– Mi dispiace. La conoscevi bene?

– Oddio, bene. Piú o meno come tutti i pazienti. Però con lei avevo legato un po' di piú. All'inizio rispondeva a monosillabi, non guardava negli occhi, era scontrosa. E tu lo sai che con i pazienti scontrosi mi fisso.

– Li tratti come se fossero gentili e garbati finché non lo diventano. Sei brava a prendere le persone per sfinimento.

– E questo che vorrebbe dire?

– Era un complimento, Alice.

– A me non sembrava.

– Perché credi che solo gli elogi siano complimenti. Non è cosí. Posso esprimere ammirazione anche facendoti una caricatura.

Stringo gli occhi come se vedessi il concetto galleggiarmi davanti, non lo afferro del tutto o non ancora ma mi affascina, e non ribatto. Allora lui lo leviga:

– Magari ci sono aspetti del tuo carattere che ti sembrano sbagliati, ma a me piacciono. E quando te li faccio notare ti costa ammettere che sei fatta anche di quelli.

Dio, quanto amavo quest'uomo.

– Non mostriamo mica solo il nostro lato migliore, no?

– Cosa sarebbe questo, l'elogio del difetto?

– Semmai la sua negazione. In estetica non esiste il difetto.

Annuisco, contrariata, prendo un sorso di tisana e la poso di nuovo sul comodino. Quando Fosco parte per la tangente non lo sopporto, anche se non lo fa con l'intento di ridimensionarmi.

– Hai finito la *lectio magistralis*? Posso dire quello che volevo dire?

– Prego.

– Stavo raccontandoti di questa mia paziente. È rimasta in ospedale piú di quaranta giorni, l'ho seguita per tutto il corso della terapia. Cioè, finché ce l'ha fatta a curarsi. A un certo punto sembrava stare meglio, poi si è aggravata e non siamo riusciti a riprenderla. Il primo a capirlo è stato il marito. Ha cominciato a deprimersi qualche giorno prima che la situazione precipitasse. Un po' come gli animali, che sentono la morte in anticipo.

Prende un lungo respiro, si trattiene a stento dal chiedermi perché lo stia mettendo al corrente di questo dramma, quindi aggrotta le sopracciglia come se qualcosa non gli tornasse:

– Ma scusa, quanto tempo fa è mancata?

– Due mesi.

– Due mesi?

– Sí. Piú o meno.

– Ma hai detto di aver visto il marito stamattina in ospedale: che ci è venuto a fare se la moglie era già morta?

– È questo che è inquietante. Viene sempre.

– Ma perché?

– Passa la giornata nella sala d'attesa dell'ambulatorio, fra i pazienti che aspettano il loro turno. Ogni tanto scende al bar, prende un caffè o mangia qualcosa, e torna su. Cosí. Su e giú, giú e su, finché l'ambulatorio non si svuota. Solo allora se ne va.

– Sembra un rituale ossessivo. Non riesce ad accettare la morte della moglie, chiaro.

– Sí, certo, è un rituale. Ma non ha perso il senno. Non parla da solo, non viene in ospedale a incontrare un fantasma, sa perfettamente quello che fa. Se gli parli rimani sorpreso da quanto è lucido.

– E cosa dice?

– Che quello è l'unico posto in cui la sente ancora vicina. Che è lí che ha vissuto con lei l'ultimo anno della sua vita, tra le cure e l'ultimo ricovero, e che solo lí il dolore si attenua.

– Romantico.

– E disperato, anche.

– Ti ricordi Woody Allen, *Basta che funzioni*? Se passare le giornate in ospedale lo fa star meglio, perché no.

– Certo, perché no.

– È per lui che non riesci a prendere sonno?

– Per una cosa che mi ha detto.

– Ah.

– Eravamo al banco, prendevamo il caffè. A un certo punto mi sono accorta che alla mia destra, poco piú in là, c'era una donna che lo guardava. Avrebbe voluto controllarsi, era evidente, ma non ce la faceva, gli occhi le andavano a lui per conto loro.

– Però. Dev'essere bello questo vedovo.

– Sí. Una cinquantina d'anni, qualcosa in piú forse, non molto alto ma slanciato, atletico. Poi ha questa faccia drammatica, scavata, un po' Jeremy Irons, hai capito.

– Beato lui.

– Ha una tristezza attraente. Chissà se è congenita o gli è venuta soffrendo.

– Puoi sempre chiederglielo, la prossima volta che vi incontrate.

Glisso sulla battuta stupidamente gelosa, un po' perché mi diverte vedere un uomo della sua intelligenza diventare cretino, un po' perché mi vergogno di aver assecondato il mio desiderio altrettanto cretino di farlo incazzare.

– Si è accorto di lei ben prima che la notassi io, ma non le ha rivolto la minima attenzione. E ti assicuro che era una donna che si faceva guardare.

– Non mi sorprende, se è cosí addolorato per la perdita della moglie.

– Sí, ma credo che l'avrebbe ignorata comunque. Si capisce che è un uomo abituato all'attenzione delle donne.

– Pensi di metterci ancora molto a dirmi la cosa che ti ha turbato?

– Sei invidioso.

– Sarà, ma tu non vieni al punto.

– L'interesse di quella donna lo metteva in imbarazzo. Non voleva che me ne accorgessi. Parlava veloce, convulsamente, sai quando vuoi stordire qualcuno per cambiare discorso o sviare la sua attenzione? Cosí. E non è certo un tipo loquace. Allora gliel'ho detto io.

– Detto cosa?

– Che aveva fatto colpo su quella donna.

– E perché l'hai fatto?

– Non lo so, forse per consolarlo. Per fargli capire che anche per lui c'era la possibilità di un altro amore. In fondo chi l'ha detto che la donna che ti salva la vita non puoi trovartela accanto al bancone di un bar?

Si sfotticchia la barba con la mano destra, indeciso se esprimere contrarietà o apprezzamento; poi si chiarisce lo stato d'animo:

– Sai cosa? Hai fatto bene.

– Davvero?

– Sí. È stato gentile da parte tua.

– Sono contenta che tu lo dica perché ho parlato di getto, senza pensare di poter risultare invadente.

– E lui come ha reagito?

– Ha raschiato il fondo della tazza di caffè col cucchiaino, se l'è portato alla bocca, lo ha posato sul bordo del piattino e ha guardato lei.

– Cosa?

– Cosa cosa?

– L'ha guardata?

– Sí. Mi ha scartata con gli occhi e ha ricambiato il suo sguardo. Un'inversione a U, proprio; tanto che mi è venuto istintivo voltarmi anch'io. Quella donna era cosí gratificata dalla sua attenzione che manco ha badato a me. Infatti mi sono sentita subito di troppo.

– Un cambio di registro abbastanza sorprendente.

– Direi inquietante. Come se da un momento all'altro avessi avuto davanti un'altra persona.

– Un predatore?

– Esatto.

Ci pensa:

– Non mi convince.

– In che senso?

– Passare dal disagio alla seduzione. E con te davanti, poi. Tardivo e precipitoso. O è lunatico o aveva un altro scopo.

– Bravo!

– È lunatico.

– No, aveva un altro scopo.

– Cioè?

– Mostrarmi quanto gli sarebbe stato facile rimorchiare quella donna, se solo avesse voluto.

– Quindi non l'ha fatto.

– Proprio no. Anzi, si è rimesso a parlare della moglie. Stavolta con le lacrime agli occhi.

– Mentre continuava a guardare quell'altra?

– A quel punto non so piú cosa guardasse. Gli occhi puntavano ancora in quella direzione, ma era alla moglie che pensava. Vedeva la moglie, parlava solo di lei.

Qui mi fermo, perché mi serve un po' di fiato per ripetere le sue parole cosí come le ha dette:

– «Lo sa dottoressa, l'ho sempre desiderata, mia moglie. Quando si è aggravata, ancora di piú. Piú stava male, piú deperiva, piú la volevo. Ma non potevamo piú avere rapporti, non lo avrebbe sopportato. Allora ci sdraiavamo vicini, lei mi posava la testa sulla spalla e io le tenevo la mano. Era tutto quello che potevamo fare».

Fosco si strofina l'occhio destro con il pugno chiuso, spezzandomi il cuore; vorrebbe deglutire ma non ci riesce, volta la testa di lato e tende una mano verso di me.

– Dammi un po' di tisana.

– Cosa? – domando sbalordita.

– Passami la tazza, per favore.

Lo faccio.

Manda giú un sorso e fa una smorfia.

– È diventata fredda, eh?

– Fanculo, – dice, e mi rende la tazza.

– Tu che bevi la tisana, da non crederci.

– E ho sempre fatto bene, fa veramente schifo.

– Mi dispiace se ti ho intristito.

– Intristito? È straziante. Magari sapessi scrivere una cosa del genere.

– Mi si è chiusa la gola, Fosco, te lo giuro.

– Anche a me. Hai visto, no? Ho dovuto bere la tisana, figurati.

Mi viene da ridere. A lui pure. E nell'attimo in cui la sua battuta attenua la tristezza, avverto una vicinanza che non provavo da tempo.

– E la donna che ha finto di sedurre?

– È rimasta lí ancora qualche minuto, in attesa che lui si decidesse. L'ho guardata. Era confusa, frastornata dalla sua inconcludenza. Oltretutto aveva finito il cappuccino, non aveva piú pretesti per trattenersi al banco. Prima di lasciare il bar si è voltata come a dargli un'altra possibilità.

– E poi?

– E poi niente, se n'è andata.

Restiamo in silenzio. Fosco si stende sul letto, cerca d'istinto il cuscino, non lo trova, glielo allungo. Vorrebbe togliermelo di mano, ma a un tratto ho voglia di prendermi cura di lui, cosí faccio segno di no e lo tocco due volte sulla nuca invitandolo a sollevare la testa restando fermo. Lui mi asseconda, un po' sorpreso da quel ritorno di confidenza, gli sistemo il cuscino e lo accompagno con la mano a distendersi. Poi, senza chiedergli permesso né dire a me stessa cosa sto facendo, mi accuccio accanto a lui e gli poso la testa sulla spalla. Avverto un piccolo sussulto d'incredulità. Se mi chiedesse: «Cosa stai facendo?» mi allontanerei subito da lui, però non lo fa e allora non solo resto ma gli tiro pure su il braccio che tiene lungo il fianco e me lo giro intorno al collo. All'inizio oppone un'istintiva, debolissima resistenza; poi mi lascia fare e cosí ci ritroviamo uniti in uno di quegli abbracci in cui ti avvolgi all'altro come dentro una coperta. Dopo un po' starei per addormentarmi, ma Fosco sembra aver voglia di parlare:

– Però non è carino.

– Ma cosa.

– Verso di lei.

– Ah, la donna del bar.

– Sí. L'ha usata.

Non dico niente. Sento l'odore della sua colonia, e il suo corpo torna familiare.

– E l'ha usata solo per dimostrarti quanto amasse ancora sua moglie.

Continuo a non rispondere. Sollevo appena la testa perché ho voglia di guardarlo.

– Non è cosí? – chiede sottovoce.

Annuisco, poi gli cerco la bocca.

L'imbarazzo del piú e del meno
(o Il bersaglio della mosca)

La prima sensazione che avverto svegliandomi è quella del vuoto al centro del letto. Alice è tornata a isolarsi nel suo angolo, ristabilendo la distanza che ci divide e che abbiamo concordato tacitamente da un po'. Chissà se si è allontanata di proposito o se si è mossa nel sonno cercando la nicchia che ha scavato notte dopo notte in questi mesi, abituandosi a uno spazio solamente suo.

La sveglia segna le 5.41. Tra meno di un'ora comincerà a prepararsi per andare al lavoro. Mi alzo sempre prima di lei, per non farmi trovare lí accanto (anche quest'accortezza fa parte del sistema che abbiamo istituito per stare lontani evitando le camere separate, che lei detesta), ma stamattina potrei restare a letto, riaddormentarmi o fingere di farlo, oppure vestirmi in fretta e uscire subito pur di non parlare di stanotte. No, non voglio sottrarmi all'argomento, se lei vorrà.

Mi alzo cercando di non far rumore, raccolgo le pantofole dal pavimento e non le indosso. Uscendo dalla stanza mi tiro dietro la porta e stringo i denti quando cigola: Alice non si sveglia, resta immobile, di spalle; forse quel suono le è diventato cosí familiare che non la disturba piú. Mi rimprovero per non essermi deciso a dare l'antiruggine ai cardini o almeno a spruzzarci un po' di lubrificante, solo per realizzare di lí a un attimo, con un piccolo incantamento, che la pulizia delle cerniere di questa porta, come la sostituzione delle lampadine alogene delle quattro plafoniere dei bagni, la riparazione dei bastoni delle tende in soggiorno e il rimontaggio dei fili del bucato ai ferri del balcone della cucina, tutta la piccola manutenzione che ho lasciato in sospeso negli ultimi due anni, fra un po' non mi riguarderà piú. Allora decido che appena sarà uscita di casa olierò la porta della camera da letto, cambierò le alogene dei bagni, riparerò i bastoni delle tende, monterò i cavi d'acciaio dei panni e già che ci sono sostituirò anche l'ultima manopola dei fornelli, che si è spaccata in due come una mela da piú di un anno e sta in piedi per scommessa.

Sto uscendo dalla doccia quando sento Alice chiudere la porta del suo bagno. Mi asciugo, torno in camera, mi vesto rapidamente e le do una voce:

– Ali, faccio il caffè?

– Buongiorno anche a te, – risponde.

Vedo la sua ombra china sul lavandino nel vetro smerigliato della porta.

– Buongiorno, scusa.

– Sí, grazie, – risponde alla domanda.

In quel momento mi accorgo di non sentire il getto dell'acqua corrente. Si starà fissando allo specchio.

Vado in cucina, tiro su la serranda, carico la moka e la poso sui fornelli. Poi passo nello sgabuzzino a prendere la cassetta degli attrezzi e nel tornare in cucina sento Alice che dalla camera canticchia un motivetto mentre si veste. Di solito non canta.

La caffettiera gorgoglia. Stendo una tovaglietta sul tavolo, prendo lo zucchero, le tazzine e il barattolo dei biscotti, cosa che non faccio mai e che infatti Alice nota subito nell'entrare, ma non lo dice. Ha i capelli legati, un pullo-verino di lana morbida e dei pantaloni di cotone felpato. Ai piedi, ancora le pantofole.

– Vuoi? – le chiedo indicando il portabiscotti, mentre le verso il caffè.

– No, bene cosí, grazie –. Si siede, picchietta il porta-biscotti con un'unghia: – È nuovo?

– Non l'avevi visto? L'ho comprato qualche giorno fa. Mi piace perché è storto. Vedi? È inclinato in avanti, e ha la chiusura ermetica con il pulsante a pressione.

Schiaccio il bottone per mostrarle come funziona. Lei annuisce, poi riempie un cucchiaino scarso di zucchero e lo versa nella tazzina.

Restiamo in silenzio.

– Si è rotto il rubinetto o cosa? – dice riferendosi alla cassetta degli attrezzi che ho lasciato vicino all'acquaio.

Mi volto a guardarla, ricordandomene.

– Quella? Ah no, voglio solo fare qualche piccola riparazione che rimando da tempo.

– Tipo dare l'olio alle guide della porta?

Stacco la tazzina dalla bocca e la guardo come mi avesse preso con le mani nel sacco.

– Esatto.

– Ti ho sentito mentre uscivi, prima. L'altro ieri volevo giusto dirtelo.

– Ah, quindi mi hai sentito.

– Ho sentito la porta che cigolava.

– Sí, insomma mi hai sentito uscire.

– E ti ho sentito sí. A meno che la porta non cigolasse per i fatti suoi.

Prendo un altro sorso di caffè.

– Credevo che dormissi.

– No, ero sveglia già da un po'.

Mi guarda, la guardo.

– Comunque è un suono familiare, anche se fastidioso. Lo sento, mi sveglio, mi riaddormento.

Ripiombiamo nel silenzio.

Prendo un biscotto anche se non ne ho voglia.

– Il romanzo come va?

M'imbalsamo col biscotto fra le dita un attimo prima di portarlo alla bocca. Da quando conosco Alice è la prima volta che mi fa questa domanda. Mi viene da ridere per imbarazzo riflesso, e a lei pure. «Dài, facciamola finita», vorrei dirle.

– Non so, – rispondo disinteressato alla mia stessa risposta, ma alleggerito rispetto a poco fa, – stavolta faccio piú fatica del solito. Ci sono giorni in cui scrivo come se leggessi, e altri in cui il cursore che lampeggia sullo schermo mi sembra la mosca dei pisciatoi degli autogrill.

– Cosa? – fa lei come se non avesse capito, pur avendo sentito benissimo. E nei suoi movimenti vedo che già si predispone alla risata.

– Non so nei vostri, ma nei bagni maschili degli autogrill, o anche in quelli delle stazioni o dei cinema, si trovano spesso questi orinatoi a parete, tipo Duchamp, con l'icona di una mosca stampata sulla ceramica. Credo serva come incentivo a centrarla.

Per un momento mi pare che visualizzi l'oggetto. Poi si copre la bocca con la mano.

– Oh mio Dio.

E scoppia a ridere.

– Ci sono anche da voi?

Mi tira uno schiaffo sulla spalla e ride ancora piú forte.

– In effetti non credo ne abbiate bisogno, – mi rispondo da solo.

– Ma vedi che vai a pensare, – dice. E si tampona gli occhi con un tovagliolo.

Da quanto tempo non ci divertivamo cosí. E dire che una volta sembravamo una coppia di comici. Ci bastava un niente per mettere su un numero e inventare tormentoni.

– Faccio ancora un po' di caffè?

– No, meglio che vada, – risponde decongestionandosi, – oggi ho una giornata pesante.

Si alza, fa per uscire.

Sciacquo le tazzine e ripiego la tovaglietta.

Con la coda dell'occhio la vedo esitare sulla porta.

– Fosco.

Mi giro.

Altro silenzio. Un po' meno greve dei precedenti, per via delle risate.

– Come si chiama l'attore col nome del regista famoso che lavora con il regista col nome dell'attore famoso?

Resto disorientato, poi stringo le sopracciglia nello sforzo di addentrarmi nel labirinto della domanda. All'inizio annaspo, poi mi si accende una luce:

– Fassbender?

– Fassbender, santo cielo! Michael Fassbender! Sono due giorni che cercavo di ricordarmelo. E il regista, invece...

– Steve McQueen.

– Ma certo.

Annuisce ripetutamente.

– Va be', adesso vado.

Chicago, Illinois

Ogni volta che mi trovo davanti a una scala mobile rotta (il che succede praticamente tutti i giorni), non mi domando perché siamo venuti in questa città, ma perché ci siamo rimasti. Quando vedo una persona anziana aggrappata al corrimano delle scale che solleva un piede e poi un altro e poi di nuovo l'altro e l'altro ancora e si affanna e ogni tanto si ferma e riposa e riprende la salita sapendo che perderà la corsa, mi sento invadere da una rabbia che rivolgo contro me stessa per aver finito, un po' come tutti, per adeguarmi a questo miserabile stato di cose.

Il fatto è che i disservizi di una città come questa sono cosí tanti e cosí incancreniti nel quotidiano che il solo modo che hai per viverci è sviluppare anche tu quella rassegnazione burlona e cabarettara che consiste nel fingere di trovare familiare e goliardico ciò che non lo è affatto. Come se il caos, lo sgoverno, l'inefficienza, il malfunzionamento dell'essenziale, la maleducazione diffusa e addirittura il cattivo gusto fossero caratteristiche pittoresche di una città che in fondo piace anche per questo.

Sono un medico. Lavoro in ospedale. Mi alzo ogni mattina alle 6.30 e prendo i mezzi pubblici, quattro fermate di metro e un autobus che porta direttamente al Policlinico. Conosco l'umanità del mattino, quella che si alza presto, come me. Credo di essere una lavoratrice affidabile. Sono puntuale, attenta, concentrata. Faccio del mio meglio, nella routine a cui mi vincolano i protocolli. Quando arrivo in corsia e indosso il camice mi libero della mia vita privata, la accantono. Non tollero che un problema personale mi distragga dall'ascolto di un paziente o dalla lettura di una cartella clinica. Faccio il mio dovere, mettiamola cosí, anche se è una frase pomposa e tutto sommato ridicola, che ribadisce un'ovvietà. Per questo, quando mi trovo davanti a una scala mobile chiusa da mesi, che sta lí come un'installazione permanente a riprova dell'abbandono di una città priva di un'amministrazione degna, che non fa il suo lavoro e t'impone la sua incuria come si divertisse a buttare benzina sulla tua frustrazione, mi arrabbio mille volte con me stessa per non aver accettato di trasferirmi in America, cinque anni fa. E dire che Fosco sarebbe stato pronto a seguirmi. Chissà come sarebbe andata, tra noi. Ogni volta che ci penso mi torna in mente quel film americano ambientato negli anni Cinquanta, dov'è proprio il rifiuto di cambiare vita che trascina la coppia nella tragedia. Lí però era lui che aveva ottenuto una promozione e faceva resistenza, mentre lei voleva andare via per sempre dal quartiere dove sentiva che la loro vita stava sfiorendo e reinventarla altrove, lontano. Non riesco mai a ricordare il titolo, però ricordo bene il giorno in cui diedi la notizia a Fosco. Eravamo sul balcone del soggiorno, innaffiava le piante. Ripeté la frase come se la stesse traducendo da un'altra lingua.

«Un'offerta dall'Università di Chicago?»

«Sí».

«E cioè?»

«Un contratto di tre anni come *Professor of Medicine, Section of Hematology, Director*».

Restò immobile con l'innaffiatoio inclinato sulla pianta, eravamo come frizzati in una vignetta senza parole. Chissà cosa avrebbe potuto fare la moglie, cioè io, per giustificare la comicità della scena muta.

«Alla faccia».

«Eh già».

L'innaffiatoio continuava a versare acqua sul ficus Benjamin.

«Cosí, proprio? Dall'oggi al domani?»

«Non è che ho vinto alla lotteria, Fosco».

«Certo, posso immaginarlo. È che non mi avevi mai parlato di una simile possibilità».

«Perché non mi aspettavo che potesse succedere. Guarda che annega. Il ficus».

Ha subito sollevato l'innaffiatoio. L'acqua intanto era già fuoriuscita dal vaso e gli aveva bagnato le pantofole, ma lui manco se n'era accorto.

«Solo perché ti sottovaluti. Eppure lo dicono tutti che sei bravissima».

Se ne stava lí e continuava a guardarmi con un sorriso a trentadue denti.

«*Professor of*...?»

«*Professor of Medicine*, *Section of Hematology*, *Director*, per chiari meriti e competenze scientifiche internazionali in campo ematologico. È la dicitura per esteso».

Finalmente posò l'innaffiatoio sul pavimento. Era radioso, entusiasta; sicuramente piú di me, che non avevo reagito in nessun modo particolare alla notizia.

«Ali, ma è fantastico!»

«Sei contento?»

«Contento? È una delle notizie piú belle che potessi darmi. Vieni qui».

E io che pensavo che l'eventualità di sbaraccare, cambiare stato, città, lingua e abitudini lo avrebbe spiazzato e messo sulla difensiva. Non è facile abbandonare uno schema collaudato di vita, specie quando non si è piú giovani, tanto piú se la proposta viene dalla persona che ami, perché poi, per quanto sia comprensibile e persino giusto che in un rapporto di coppia si facciano anche le scelte dell'altro, c'è sempre qualcosa di ricattatorio nel chiedere a chi ti vuol bene di cambiare vita per venirti dietro. Io stessa non ero convinta di voler accettare (tant'è che poi ho scelto di restare dove siamo a lamentarmi delle scale mobili), ma se Fosco avesse fatto ostruzionismo forse mi sarei incaponita, e di sicuro non gli avrei mai perdonato di avermi fatto rinunciare a un'opportunità simile. Sí, lo so, sono tignosa e un po' infantile, non è un caso se non ho mai preso una decisione in piena solitudine. Ho sempre avuto bisogno di un altro (i miei genitori da ragazza, un fidanzato piú tardi o mio marito adesso) che mi facesse da specchio nel soppesare i pro e i contro di una scelta. Non so decidere senza senso di colpa, ecco, e ho bisogno di qualcuno su cui scaricarne almeno un po'.

«Sai che piú stiamo insieme piú mi piaci?» gli ho detto mentre mi stringeva a sé.

«Chicago, quindi?»

«Sí. Chicago, Illinois».

«Lo so dov'è Chicago».

«Perché, ci sei stato?»

«Sí, dieci anni fa. Quel giro di presentazioni in America, tu non sei potuta venire, ricordi?»

«Ah, certo».

«Ma poi non è che uno deve andare nei posti, per sapere dove sono».

«In effetti...»

«Allora, che stiamo aspettando?»

«Come?»

«Non mi dirai che devi pensarci».

«Cioè verresti con me?»

«Pensavi di lasciarmi qui?»

«Non credevo di trovarti cosí disponibile».

«Non ho paura di cambiare vita. Soprattutto se non dipende da me».

«Cosa sarebbe, una battuta?»

«Ma no. È che ogni tanto è bello accodarsi alle decisioni piuttosto che prenderle».

«Nel senso che se va male potrai dare la colpa a me?»

«Ovvio. Ma sempre alle spalle. Mai in faccia».

«La smetti di rispondermi come un cretino?»

«Madonna come sei pesante, Ali. Ti ho appena detto che per quanto mi riguarda puoi accettare la proposta, anzi che faresti benissimo ad accettarla e malissimo a rifiutarla, e mi fai le pulci sulle battute? Sto cercando di alleggerire la cosa; sono dalla tua parte, con te».

«Hai ragione, scusami».

«Non devi scusarti. Sei agitata, lo sarei anch'io. Anzi, lo sono. Si tratta di cambiare vita, mondo».

«E Cristiano?»

«Glielo chiediamo. Per come lo conosco, sarà entusiasta».

«Ma come mai sei cosí pronto a trasferirti? Non ti dispiace neanche un po'?»

Fece spallucce come per sottolineare un'ovvietà:

«Non me ne frega niente delle abitudini. Lo sforzo che faccio ogni giorno per scrivere è di dimenticarmi dove sono, altro che ritrovare le cose al loro posto. E poi mi piace la prospettiva di disimparare un po' l'italiano».

«Eh?»

«M'incuriosisce l'idea di scoprire come potrebbe cambiare la mia scrittura con l'inglese».

«Tu sei matto».

«Dico sul serio. Potrei imparare un uso meno retorico e piú sincero delle parole. Prendi la Kristof. Era ungherese, ma non scriveva in ungherese. Se leggi i suoi libri lo senti che il suo è un francese essenziale, compresso; il francese che le serve per fare la spesa e spostarsi da un luogo all'altro. Nella sua povertà di linguaggio c'è una sincerità addirittura violenta. La *Trilogia*, *Ieri*, non li dimentichi piú. S'incistano nella memoria per sempre. Quello che dovrebbe fare ogni libro, no?»

«Sembri piú motivato tu di me».

«Te l'ho detto: è piú facile accodarsi che decidere».

Avevamo continuato a parlarne per un po', io ero sempre piú frastornata dalla naturalezza con cui era pronto ad affrontare il cambiamento. Per lui si trattava di buttare due panni in una borsa e partire, portandosi dietro il meno possibile. Io, invece, dentro di me avevo già cominciato a fare resistenza. Mi attirava l'idea di stabilirci in America per qualche anno o magari per sempre, però dovevo fare i conti con un sentimento che riconoscevo puerile ma non riuscivo a reprimere: il banale dispiacere di lasciare quello che avevamo. Voltare le spalle alla nostra vita, in un certo senso. E il fatto che Fosco con il suo entusiasmo non mostrasse alcun affetto per quel lungo tirocinio in cui avevamo imparato a dividere il tempo e lo spazio, concepito nostro figlio, costruito una mappa delle stanze e delle abitudini, cominciava a irritarmi. Quasi ce l'avevo con lui invece di essergli grata.

Ancora oggi mi chiedo perché ho rifiutato la proposta. E me lo chiedo sinceramente, non perché mi sia sentita o mi senta in colpa. Davvero non lo so. Mi ero messa in testa che eravamo già vecchi per cambiare vita, forse. Pensavo che quell'occasione sarebbe dovuta arrivare prima, molto prima. Che non m'interessava poi tanto fare carriera, e che potevo essere piú utile ai miei pazienti restando dov'ero. Ovviamente era solo il modo in cui me la raccontavo, mica la verità. Ma è come te la racconti che conta. Questo Fosco lo capí subito, e non provò nemmeno a farmi cambiare idea. Si limitò a prendere atto della mia inerzia (a volte in casa mi guardava con la coda dell'occhio, registrando certi miei incantamenti) e a non tornare sull'argomento. È stata la sua discrezione a lasciarmi libera di decidere. Gliene sarò sempre riconoscente. Quanto a nostro figlio, disse: «Lo sapevo», e nient'altro. A volte mi spaventa per come lascia correre, specie quando si tratta di me. È un po' come se mi compatisse, come se non mi stimasse abbastanza. O forse, semplicemente, mi vuol bene.

Nell'infilarmi il camice mi arriva alle narici l'odore di stanotte. Acre ma non pungente, con quel lieve sentore di tabacco che stavo per dimenticare.

Non ho fatto la doccia, stamattina.

I giorni in cui imparavamo a non aver paura del mondo

La riproduzione di *This World Over* s'interrompe sulla coda del refrain, il passaggio che da piú di trent'anni aspetto a occhi chiusi perché ogni volta m'intristisce come la pioggia. Rallento, mi guardo intorno spaesato, quasi non riconoscessi i sentieri dei giardini sul lungomare dove corro ogni mattina presto. Una donna che viene dalla direzione opposta – sui quaranta, bionda e slanciata, con dei leggings neri, un reggiseno sportivo e i capelli raccolti in una lunga coda – intercetta lo straniamento che mi ha preso e riduce l'andatura a propria volta, forse temendo che stia avendo un malore. Interrompo la corsa e mi fermo ansimante, incredulo dell'incidente acustico che sta avvenendo negli auricolari del mio smartphone. Un suono gracchiante amputa il sustain della chitarra elettrica sul finale dell'inciso, la riproduzione ripete due volte la strofa seguente, smembrandola, e salta direttamente alla successiva, derubandomi del piacere che avevo differito fino a quel momento. La giovane donna, di cui ora vedo gli occhi (chiari, forse verdi, molto belli), si ferma a un paio di metri da me, correndo sul posto, e si sfila l'auricolare dall'orecchio sinistro.

– Si sente bene?

Leggermente piegato in avanti per recuperare fiato, scuoto la testa, sollevo la mano destra e agito l'aria come per salutare. Curioso: per rispondere affermativamente avrei dovuto annuire, invece ho usato due segni contemporanei di negazione, eppure – è chiaro dalla domanda che fa – lei pensa che le abbia risposto «Sí, sto bene». Si fa piú vicina, poco convinta:

– È sicuro?

– Grazie, sí, – rispondo coerentemente, stavolta, e solo quando le sorrido si allontana, riprendendo l'andatura.

Tiro fuori il telefonino dal marsupio e metto pausa, interrompendo quello strazio. Come fa una traccia digitale a saltare come un vinile graffiato? È successo perché correndo ho sballottato il cellulare nel marsupio? Una banale sollecitazione meccanica è in grado di alterare la riproduzione digitale di un brano? Se la donna non fosse andata via gliel'avrei chiesto, quando si è avvicinata: «Ti è mai saltato un mp3?» E lei avrebbe risposto: «Cosa?» E io le avrei spiegato che mi era appena successo: «Davvero, stavo ascoltando *This World Over*, un vecchio pezzo degli XTC, bellissimo, li conosci? Giuro, si è inceppato sul piú bello, s'è incantato e ha ripreso, proprio come succedeva con le puntine sui dischi». «Impossibile, – avrebbe detto lei, – un mp3 non salta, non può, con i cd forse mi è capitato ma con Spotify no, neanche una volta, comunque sono contenta che stia bene», e avrebbe ripreso la corsa interrotta, Ma vedi che va a pensare questo qua, e io che credevo gli stesse venendo un infarto. Mi avrebbe lasciato lí a interrogarmi su quel difetto senza importanza e poi avrebbe cominciato a pensarci su anche lei, l'avrei vista rallentare e fermarsi, raggiunta dal sospetto d'essere inciampata in una metafora. Si sarebbe voltata per scrutarmi da lontano come se le avessi passato qualcosa, un'infezione, un dubbio che a un tratto stava prendendo forma nella sua testa interrogandola sul significato di quella magagna anomala che un momento prima aveva liquidato con tanta facilità e ora sembrava suggerirle qualcosa di piú profondo: un brano mp3 che salta come una puntina su un disco e s'incanta alla faccia della tecnologia e della sua perfezione, cos'altro può voler dire se non che non esiste integrità (tutt'al piú miglioria), che ci sono mali che non passano, guasti che non si aggiustano mai veramente, difetti costitutivi, resistenti all'innovazione, che a dispetto di tutto tornano e si riproducono uguali a se stessi, e tu li riconosci, sai come si comportano, cosa fanno e come lo fanno, e aspetti, sperando sia un falso allarme, e invece.

Come sempre, nulla di tutto questo succede. La giovane donna (di cui ora intravedo a stento, lontanissima, la coda di cavallo che oscilla al tempo delle sue falcate) è diventata cosí piccola da farmi venire in mente la lettera i. Tutt'intorno la realtà comincia a ricomporsi, mortificando la mia visione. La percezione delle cose si abbassa, equalizzando i rumori circostanti e l'armoniosa incombenza di tutto ciò che si muove. Ho una fantasia acrobatica, che non produce solo immagini ma gesti, reazioni, intrecci, dialoghi; eppure non sono mai stato raggiunto da una previsione nel senso letterale del termine. Non parlo di premonizioni, ma proprio di scene che si formano davanti ai miei occhi nella sequenza in cui la mia immaginazione le ha disposte. Vorrei che una volta, almeno una, succedesse.

Ricordo ancora come ieri il giorno in cui ho desiderato cosí tanto che la realtà desse ragione alla mia immaginazione da patire addirittura fisicamente la frustrazione di quell'inutile attesa. Una donna che amavo mi aveva lasciato, di mattina, alla stazione Termini di Roma. L'avevo incontrata di nuovo nel pomeriggio, sempre lí, davanti ai binari, tra i passeggeri in attesa. Dava delle indicazioni a un signore anziano usando la lingua dei segni, che conosceva (credo lo stesse aiutando nella ricerca del suo treno). Lo stupore e la gioia di rivederla si mescolarono al dolore di averla persa, sgretolando quel briciolo di contegno che ero riuscito a mantenere, e le andai incontro trascinandomi, incurante della mia dignità: volevo che vedesse quant'ero infelice. Lei mi notò all'ultimo momento, ebbi un tuffo al cuore quando percepii il suo. Per quanto mi sembrasse incredibile che vedermi potesse riportarla indietro, a qualche ora prima, facendola tornare sui suoi passi, riconoscevo e inspiravo la gioia nel suo viso («Gioia»: era cosí che mi chiamava, nell'amore), e notai che le tremavano le mani mentre il signore sordo si guardava intorno cercando la causa della sua improvvisa inquietudine. Per un attimo mi sembrò vacillare, perdere l'equilibrio, tanto che il signore si sporse verso di lei come per prepararsi a sorreggerla; poi riacquistò il controllo, e addirittura mi presentò, componendo il mio nome una lettera per volta, nell'aria.

«Che ci fai di nuovo qui?» mi chiese senza riuscire a guardarmi negli occhi quando il signore se ne andò, e io non seppi rispondere. Avevo vagato non so quanto per la città, inebetito dalla sofferenza, e forse ero tornato a cercarla. Sapevo che doveva partire, non conoscevo l'orario del suo treno, eppure l'avevo ritrovata. Era un segno? Quell'incontro era l'esito di una disperata attesa concordata in silenzio fra noi («Verrò, sarò lí, aspettami»)? Aveva perso il treno o spostato la partenza nella speranza che tornassi, dando una chance al destino, la stessa in cui avevo investito io tornando indietro? Avremmo scoperto di amarci ancora (io non avevo mai smesso, lei avrebbe ricominciato, dandosi della stupida)? Saremmo saliti sullo stesso treno oppure ci saremmo infilati in un albergo, affamati l'uno dell'altra, com'era già successo quando l'amore bruciava, e ci saremmo promessi di non lasciarci mai piú?

Non successe nulla di quello che avevo fantasticato. Quel treno lo prese da sola. Andammo a bere un caffè, prima. E mentre ci dividevamo la bustina dello zucchero, come facevamo sempre, lei si portò la mano alla testa dicendo: «Mamma mia, mi tremano le gambe». E io le dissi che l'amavo. Lei si morse le labbra e mi lasciò un'altra volta.

Salii al piano superiore. Erano le due di pomeriggio. Non avevo fame ma dovevo fare qualcosa. Presi degli spaghetti al self-service, andai a sedermi a un tavolo e sognai che da un momento all'altro avrei sentito la sua mano scivolarmi sulla spalla, e voltandomi avrei sollevato piano la testa di lato e l'avrei trovata lí, accanto a me. E mi avrebbe chiesto «Cosa mangi?» E le avrei preso la mano e me la sarei portata alla bocca. E lei si sarebbe seduta al mio fianco e avremmo mangiato insieme quel piatto di spaghetti una forchettata per uno.

Non so quanto tempo sono rimasto lí ad aspettarla.

La suoneria del telefono mi strappa dal ricordo, imperiosa e volgare.

– Non sei neanche venuto al funerale di tua zia, – esordisce Felicino senza salutare.

– Cosa?

– Tua zia. Il funerale.

– Ma come ti viene?

In realtà avrei voluto dire: Che cazzo dici? Non che con lui mi contenga ma mi è uscito cosí.

– Te lo volevo chiedere già l'altra volta.

– Se magari provassi a entrare in argomento, prima di rimproverarmi.

Felicino non è nuovo ai salti logico-temporali. Già da bambino aveva l'abitudine di non cominciare dall'inizio ma dal mezzo. Quando giocavamo, pretendeva che si riprendesse dal punto esatto in cui c'eravamo fermati la volta prima; io lo assecondavo, ma controvoglia. Era un modo un po' ricattatorio di dettare le regole.

– Non era un rimprovero.

– Ah no?

– Giuro. Solo curiosità. Avrai avuto i tuoi motivi, per com'eri affezionato a lei.

– Bontà tua. Ma mi hai telefonato per questo?

– No, mi è tornato in mente mentre ti chiamavo.

– Mentre mi chiamavi ti è venuto in mente che non ero al funerale di mia zia. Che tra l'altro è stato cinque o sei anni fa.

– Anche di piú...

– Be', hai ragione, avevo i miei motivi.

– Cioè?

– Era una stronza.

Soffoca una risata.

– Tutto qui?

– Tutto qui. Non ho voglia di parlarne.

Un cane che abbaia nelle vicinanze di Felicino fa da sottofondo al silenzio che segue. È come una risacca, per me.

– Ma quello è Bucky? – chiedo, incredulo di aver riconosciuto il latrato.

– Che hai detto? – fa Felicino.

– È lui, vero?

I cani hanno una voce, basta saper ascoltare. Bucky, poi, come potevo dimenticarlo. Un momento.

– Aspetta, – dico sussultando. – Non può essere.

– Infatti. Se fosse Bucky avrebbe una quarantina d'anni.

– Un figlio?

– Ne avrebbe almeno una ventina.

– Un nipote?

– Bucky III. Fatto con lo stampino. Lo sai, Innocenzo e Cristina non li distinguevano neanche piú. Quando uno moriva, c'era già il figlio. Li chiamavano tutti Bucky.

Mi sento le lacrime agli occhi.

– Che meraviglia. È cosí uguale al nonno? Quanti anni ha?

– Chi lo sa. È vecchio, imbiancato, non corre piú ma cammina, cammina bene. Da quando Innocenzo ci ha lasciato vive sugli scalini di casa sua. Praticamente ha preso il suo posto.

– Innocenzo è morto?

– Tre anni fa. Nel sonno, come si moriva una volta.

– Ci avrei scommesso.

– Cristina si è svegliata e l'ha trovato girato sul fianco, con gli occhi chiusi. Sembrava dormire, ma era morto. Allora è uscita, ha attraversato la strada ed è venuta dritta a casa mia. Quando le ho aperto la porta ha detto solo: «Innocenzo».

Il ciabattino del paese. Me lo ricordo come un dipinto, seduto nella sua piccola bottega dove da bambini passavamo le ore, tanto era bello guardarlo lavorare, con Bucky accucciato accanto e la radio bassissima. A Felicino piaceva l'odore del cuoio, a me la colla. Innocenzo non ci guardava e non parlava, e noi stavamo zitti per timore di distrarlo, ma era contento che fossimo lí a tenergli compagnia. Ogni tanto riponeva il martello o la lesina o la raspa e tirava fuori dalla tasca del camice un pugno di mentine e ce le offriva, tendendo la mano come un vassoio e guardando sempre altrove, un po' come fosse cieco. Non eravamo schizzinosi, prendevamo due o tre mentine dalla sua mano sporca di lucidi e tinture e le portavamo alla bocca. La glassa che rivestiva i confetti aveva perso ogni profumo per prendere gli odori delle sue mani, sapeva di scarpe e mi piaceva. I giorni dell'infanzia in cui imparavamo a non aver paura del mondo.

– Madonna come mi dispiace, Felici'.

– Sapessi quanta gente c'era al funerale. Manco il sindaco ha avuto un corteo cosí.

Sarei andato a quello di Innocenzo? Avrei interrotto la latitanza per lui? Non lo so, non oso rispondermi. Cambio discorso, o meglio mi sposto appena, rimanendoci.

– Cristina come sta?

– Ma bene, tutto sommato. È solo vecchia. Corrado, il figlio, te lo ricordi? Vorrebbe portarsela a Cremona, ma lei non vuole lasciare il paese. Mi ha chiesto di prendermi cura di Bucky se dovesse morire prima di lui, e io gliel'ho promesso. Lo sai, quando passo davanti a casa loro e lo trovo sullo scalino dove si sedeva sempre Innocenzo, penso che abbia accettato la morte del padrone e stia aspettando la sua. E mi pare che la aspetti senza paura, senza rancore, senza tutti quei sentimenti sporchi che abbiamo noi che non vogliamo morire. Allora mi abbasso, lo guardo negli occhi e gli dico che voglio invecchiare anch'io cosí.

È un po' che desidero – ma non lo desidero davvero, fingo con me stesso di desiderarlo, allontanando la prospettiva delle rinunce e dell'impegno quotidiano che il desiderio comporterebbe – di andare al canile (non so neanche dove sia, dovrei chiedere) e adottare un cane anziano, meglio ancora se abbandonato perché inadatto alla guardia o alla caccia, o semplicemente randagio. Uno di quelli che nel recinto hanno perso la speranza in una vita diversa e che mai si aspetterebbero la visita di un umano che fra tutti gli altri compagni di sventura, anche i cuccioli e i piú somiglianti a quelli di razza, posi gli occhi proprio su di loro.

Felicino ha detto una cosa vera. Il cane non porta rancore. Ha sentimenti, non risentimenti. Non torna su ciò che ha provato. Ricorda il nemico, chi gli ha fatto del male: in quel caso si ritrae o lo aggredisce, perché ne ha paura. Ma non ha covato quel sentimento, soltanto lo riconosce.

Restiamo in silenzio per un tempo telefonicamente insostenibile, che sa tanto di preavviso di rimprovero. Anzi, di calcio di rigore.

– Potevo avvertirti, – dice Felicino.

Mi taccio.

– Non ho voluto, – aggiunge.

– Non te ne faccio una colpa.

– Guarda che non mi sto scusando.

– Lo so.

– Anzi, proprio il contrario.

– Non ti avevo frainteso.

– Ah, be'.

Mi taccio di nuovo, perché si goda il gol.

– Comunque lo pensano in tanti, – riprende con tutt'altro tono.

– Pensano cosa? – domando, non capendo quale salto logico-temporale abbiano appena fatto i suoi atletici neuroni.

– Che tua zia era una stronza.

Vado in pausa, poi scoppio a ridere. Felicino mi segue a ruota, ed è come se rotolassimo. Non so quanto dura. Quando riprende, saltando un'altra volta di palo in frasca, sono ancora mezzo congestionato.

– Allora: due possibilità. La prima, Ulderico. Te lo ricordi?

– Eh? – dico, spiccandomi una lacrima da un occhio. E lui mica mi risponde: ripete.

– Ulderico.

Al che dalla memoria riaffiora l'immagine sfocata dell'insegna di un motel senza nome all'ingresso del paese. E mi ricordo di Ulderico, con i capelli rossi e le lentiggini sulle braccia. Lui e Felicino avevano costruito una capanna di canne e paglia nel castagneto vicino al motel, un'estate. Un lavoro certosino d'intrecci su una struttura cupolare di legno e fil di ferro che sembrava un enorme nido, tanto era bella. «Ma veramente l'avete fatta voi?» dissi, non ritenendoli all'altezza di un'opera cosí minuziosa e riuscita. Perché poi li avevo sottovalutati, non lo so.

– Il padre è morto e lui ha messo in vendita il motel, – continua Felicino; e solo allora metto a fuoco l'argomento di cui parla. – C'è una trattativa in corso, nel frattempo non prende prenotazioni. Per te e Alice farebbe un'eccezione, ovviamente. Quando gli ho detto che volevi tornare ha fatto tipo un grido apache, te lo giuro. L'unico problema è che se la trattativa si chiude, insomma se si accordano sul prezzo, dovete sloggiare subito.

Mi porto una mano alla fronte.

– Santo Dio, Felici', c'è da spaccarsi la testa con te.

– Perché, cos'è che non hai capito?

Per un momento mi confondo, quasi fossi io ad avere un inciampo del comprendonio, e non lui che fa il salto in lungo fra le telefonate.

– Non è che ci fosse qualcosa da capire, Felicino: Ulderico, che poi sarebbe il ricciolino con cui giocavamo qualche volta da bambini, tanto per ricordarcelo, perché non è che uno se li ricorda proprio tutti, i bambini con cui giocava da piccolo, mi ospiterebbe volentieri nel suo motel; ma siccome lo sta vendendo, se si mette d'accordo col compratore dovrei andarmene di corsa.

– Eh. E io che ho detto?

– Il problema non è quello che hai detto. Perché quello che hai detto lo capisce anche una tartaruga. È che non ti spieghi. Parli per indovinelli.

– Sí, va be', – sbuffa, – farò tesoro della ramanzina, maestro. Allora?

– Ma allora cosa.

– Ti potrebbe andar bene?

– Ma neanche per idea. Vengo lí con Alice per parlare della separazione e devo pure rischiare lo sfratto, figurati.

– Lo sapevo. Infatti ho pronta la seconda possibilità.

– Non te ne uscire con un altro quiz.

– Casa tua.

Per un attimo mi si appanna la vista.

– Che hai detto?

Non mi risponde subito.

– Casa tua, Fosco. Quella che hai venduto.

Piangere in acqua

Io non avevo tanta voglia di seguire Fosco nel paese della sua infanzia per il nostro, diciamo cosí, ritiro, anzi non ne avevo per niente, ma è chiaro che non puoi discutere con uno che ogni due per tre perde lo sguardo nel vuoto. E cosí è finita che ho dovuto pure convincerlo che sarebbe stata una buona idea andarcene a casa sua (cioè, la sua casa di una volta), e che, anzi, ritornarci non piú da padrone ma da ospite (di piú, da cliente) lo avrebbe aiutato a liberarsi da quel peso che tiene sullo stomaco da anni.

Mi sono sempre sentita un po' in colpa per non aver fatto nulla per impedirgli di vendere, a suo tempo. Non è che non mi piacesse il paese. È che detesto le seconde case, specie quelle estive, che ti obbligano a passarci le vacanze anche se non ne hai voglia. Le seconde case sono vincoli, zavorre. Retaggi di una piccola borghesia (dalla quale vengo) che con la casa fuori città pensava di confermarsi in uno status a cui poi ha dovuto rinunciare con l'aumento progressivo del costo della vita. Quasi tutti hanno venduto, spesso a prezzi stracciati; molti rimettendoci in modo considerevole nel passaggio dalle lire all'euro.

Anche la mia famiglia aveva una casetta al mare (o meglio lontano dal mare, per raggiungerlo ci voleva piú di mezz'ora di macchina) dove per anni abbiamo trascorso l'estate. Al contrario di Fosco, io non mi ero fatta nessun amico lí. E non ho mai capito perché mia madre, una donna per niente abitudinaria (credo di non averle mai visto fare la stessa cosa nello stesso modo), si adeguasse passivamente alla sedentarietà di mio padre.

Da bambina invidiavo una compagna di scuola che ogni estate partiva con i suoi genitori per un viaggio diverso. Mi raccontava di luoghi belli e lontani, sempre nuovi. Io le chiedevo dell'aereo, di come ci si sentisse a stare sospesi nell'aria, e perché tanti ne avessero paura («Non è niente, – diceva lei, – basta che lo segui quando si muove. È come un uccello che tiene le ali aperte, e tu ci stai seduta sopra. Se si abbocca di qua, giri la testa di qua. Se si abbocca di là, giri la testa di là. Se invece giri la testa di qua quando si abbocca di là, ti senti male»). Poi mi descriveva le città, le chiese, i parchi, i boschi, le spiagge, i negozi, i vestiti strani che comprava sua madre. La invidiavo.

Oggi non mi piace viaggiare. Nemmeno ai convegni all'estero vado piú volentieri. Preferisco starmene qua. Perché lavoro tanto e non riesco piú ad allontanarmi coi pensieri. E anche perché, negli anni, con Fosco mi sono saziata di mondo. I viaggi piú belli sono stati quelli che abbiamo fatto con Cristiano bambino. Non li dimentico, i suoi occhi incantati.

– La tolleranza, credo.

La voce di Fosco arriva come amplificata dallo studio mentre apro la porta, rientrando. D'istinto la richiudo facendo il minor rumore possibile, e quando sul pavimento vedo un borsone con dell'attrezzatura da riprese, capisco. Mi muovo silenziosamente lungo il corridoio mentre Fosco lascia passare qualche secondo e riprende:

– Credo che tutti gli altri miei difetti siano poca cosa, al confronto.

Io lo so che non sta parlando a vanvera, ma certo la sua può sembrare una posa. Mi affaccio sulla soglia dello studio. Fosco è seduto in poltrona, di spalle alla libreria che gli fa da sfondo, le gambe accavallate, i pantaloni di fustagno che porta sempre a casa, le scarpe da jogging e un microfono a pulce attaccato al maglione a mo' di spilletta. Di fronte a lui, a qualche metro di distanza, una giornalista con una giacca di pelle nera parla in un microfono a gelato mentre un operatore riprende l'intervista con una telecamera a spalla.

– Ma la tolleranza non dovrebbe essere una virtú, e un valore fondante della nostra democrazia? – chiede la giornalista in pelle nera.

– Lei trova? A me invece pare un concetto perbenista e ipocrita, peraltro furbescamente introdotto nel linguaggio politico in modo abusivo. Quanto alla democrazia, se legge la Costituzione non troverà traccia di tolleranza. La Costituzione non tollera: riconosce.

– Ma lei ha detto di essere tollerante. Non le sembra una contraddizione?

– Si figuri se mi spaventa la contraddizione, è il lievito madre della scrittura. Ma per rispondere alla domanda, no, direi di no. Io subisco la mia tolleranza, non la scelgo. Per quello che mi riguarda è una malattia autoimmune. E certo non approvo una malattia.

L'intervistatrice, forse per un automatismo complice, si volta verso il cameraman che si stringe nelle spalle e scuote la testa come a dire: «Be', che vuoi? Ha ragione»; oppure (pari merito): «E io che ci posso fare, scusa?»

In quel momento Fosco si accorge di me.

– E cosa la spaventa, allora? – riprende la giornalista un po' contrariata, spostando appena l'argomento. – Di cosa ha paura?

Fosco si blocca, come se la domanda gli avesse risvegliato un dolore che non sa nascondere. E io so già cosa dirà fra un attimo. Esce dalla postura dell'intervista e risponde con il tono dell'ammissione:

– I rimorsi. Sono trappole. Se ci finisci dentro puoi non uscirne piú.

Eccolo là, come previsto.

Tace, e dirige gli occhi verso di me.

La giornalista volta la testa e m'inquadra nella cornice della porta. Valle a spiegare che l'oggetto dei rimorsi e dei rimpianti di mio marito non sono io, ma la casa di Cavaliere. Lui ha guardato me, che posso farci. Non l'ha fatto apposta, è solo maldestro. E un po' scemo. Ha un talento per i sottotesti ambigui. Non è mica la prima volta che mi mette a disagio, risucchiandomi in situazioni in cui non c'entro.

Nella stanza si forma un imbarazzo strano, simile a quello di quando, dalla faccia contratta di chi ti sta di fronte, capisci che la persona di cui stai parlando male ce l'hai dietro le spalle.

Sventolo le mani nell'aria come a dire di non badare a me. L'operatore, invece, mette la macchina in pausa.

Il cambio di sguardo di Fosco deve aver creato un inciampo nella ripresa.

– Scusatemi, non volevo interrompere, – dico.

– Oh, ci scusi lei, – fa quella aprendo la bocca in un sorriso tutto denti.

– Non si preoccupi, stavamo registrando, possiamo riprendere in qualsiasi momento, – spiega il cameraman.

Fosco si alza dalla poltrona e si sgranchisce le spalle.

– Mia moglie Alice.

– Molto lieta, signora: Fiorenza Gabrielli Cardacci, – si presenta la giornalista. Il cameraman rimane al suo posto e mi saluta con gli occhi.

– Scusi se le abbiamo invaso casa.

Ci stringiamo la mano.

– Si figuri, ci sono abituata.

– Abbiamo quasi finito.

– Fate pure con comodo.

Faccio per uscire dalla stanza, ma mi trattiene. Forse le sto simpatica.

– Lo sa? Suo marito dà delle risposte davvero illuminanti alle mie povere domande. Di quelle che andrebbero risentite due o tre volte.

– Be', potrai farlo con tutto comodo sul montato, – osserva il collega.

Lei gli rivolge un'occhiata infastidita. La sua osservazione tecnica le ha sminuito il complimento.

– No, ha ragione, – dico, prendendo le sue parti, – le cose interessanti vanno acciuffate al volo. Riascoltate non fanno mai lo stesso effetto.

Lei arriccia il naso al cameraman e quello alza le mani. In pratica, un disarmo.

Saluto di nuovo e mi allontano, o meglio esco dal campo, come dicono i cinematografari; cioè mi sposto nel soggiorno accanto; praticamente mi nascondo, per il gusto di origliare il resto dell'intervista.

– La ringrazio di avermi mostrato l'appartamento, – sento dire alla giornalista dai due cognomi. – Sa, la sua libreria mi ricorda un po' quella di Giuseppe Pontiggia.

Un attimo di pausa, da cui capisco che Fosco sta cercando le parole. Le trova:

– Eravamo amici.

Il ricordo di una libreria sospesa, scavata nel soffitto del corridoio, mi raggiunge come un flash. E ripenso a Lucia, amorevole e semplice, cosí piccola vicino a lui.

– È come se ci fosse un camino acceso, con tutti questi libri, – dice il cameraman.

– Bell'analogia, – commenta Fosco. – È vero, i libri danno una sensazione termica simile al calore, ma meno definita. Qualcosa che intuisci piú che sentire. Le case con i libri sono piú abitate di quelle senza libri.

– E piú vive, – fa la giornalista.

– Ma se vuole la verità, il mio ideale sarebbe una casa vuota.

– Cioè una casa disabitata? – domanda il cameraman.

– Disabitata dagli oggetti, non dalle persone. Vale anche per i libri. Potrei liberarmi dei tre quarti di quelli che ho.

– Posso lasciarle il mio numero, nel caso? – dice la giornalista in pelle nera. E l'operatore ridacchia.

Ora mi è piú chiaro perché fin dal primo momento Fosco ha detto e ripetuto che sarebbe stato lui ad andar via, lasciando a me la casa. Mi immagino qui da sola, al rientro dal lavoro, circondata dai suoi libri, soprattutto nello studio, dove ogni cosa parla di lui, e mi chiedo se ne sentirò la mancanza o la presenza. È come cadere in un fosso.

– Gli oggetti di cui ci circondiamo, – riprende, – a parte quelli essenziali come le pentole, il letto, qualche sedia e un tavolo dove mangiare, non ci servono. Sono pensieri, ricordi. Testimoni. Rimandano a tempi vissuti, a frammenti di scene che dimenticheremmo se quella fruttiera, quel candelabro o quella cornice non le avessero cristallizzate in un'immagine che per quanto sfocata vediamo ancora. Li conserviamo perché ci sentiremmo ingrati a privarcene. Mentre è liberandosi delle cose che si va avanti.

– Quindi per lei dovremmo spogliarci dei beni materiali?

«Oh-oh», mi dico. E stringo addirittura i denti temendo una risposta stizzita.

– Niente affatto. Non ho detto questo.

Be', è andata abbastanza liscia.

– Vede il cubo Brionvega sullo scaffale alla sua destra? Quello, sí. Lei non ha idea di quanti dettagli mi tornano alla mente ogni volta che l'occhio mi cade su di lui. Ricordo persino la camicetta che aveva addosso mia madre il giorno in cui le cadde di mano e si ruppe. Lo scotch che tiene attaccato lo sportellino delle pile sul retro è ancora quello di allora.

L'intervistatrice non replica.

– Sono anni che quella radio non funziona. Eppure è ancora lí.

Chissà se la lascerà qui o se la porterà dietro, quando andrà via.

– Le cose di cui ci circondiamo recintano i nostri pensieri. Provi a entrare in una stanza vuota: sentirà la mente che si rilassa. La abiti per qualche giorno: le diventerà insopportabile qualsiasi oggetto superfluo.

– Sí, capisco quello che dice, – osserva la giornalista dopo una piccola pausa. – Credo di aver provato quella sensazione di sollievo quando lavoravo in Francia. Vivevo in una casa poco piú grande di uno sgabuzzino, ero fuori tutto il giorno e quando rientravo non mi mancava niente.

– Le dico di piú, dovremmo smetterla di avere una casa.

– Eh? – fa lei.

– Bella questa, – dice il cameraman.

Sorrido nel cogliere l'anticamera dell'invettiva che mio marito sta per fare praticamente a se stesso. Rispondere alle domande che non gli fanno è l'intervista che gli piace di piú.

– Non sono bei posti, le case. Non sono bei concetti. Ci ricattano. E tutte, anche le piú belle, quelle che vediamo e invidiamo sulle riviste patinate di arredamento, contengono il presentimento dell'abbandono, dei giorni in cui quelli che le hanno abitate le lasceranno, per le ragioni piú diverse. Dovremmo vivere fuori il piú possibile, trattare la casa come un posto dove torniamo per riscaldarci, mangiare e dormire. E poi uscire, andarcene. Sempre.

È cosí, Fosco mio? Quanto mi addolora sentirti lottare con te stesso, rivendicare il tuo anticonformismo che non hai saputo tradurre in comportamenti. È vero che il tuo peggior difetto è la tolleranza. Anch'io ne ho approfittato. E quanto mi dispiace, quanto mi rimprovero – me ne accorgo adesso che ti ascolto di nascosto – di non averti impedito di fare quell'errore, e soprattutto di averti lasciato solo a sopportare il rimorso.

A un tratto mi vergogno di starmene qui a origliare. Esco dal soggiorno in punta di piedi, vado a spogliarmi e mi butto nella doccia.

Mentre guardo il mio riflesso nel vetro smerigliato del box ho l'impressione di piangere, ma mi confondo con l'acqua.

Fa' come se non fossi a casa tua

Non credevo di ricordare i tornanti per Cavaliere in una sequenza cosí puntuale. Quando, usciti dall'autostrada, abbiamo imboccato la serie di curve, ero stupito da me stesso per come le anticipavo una dopo l'altra. Guidavo con una scioltezza, una facilità, una conoscenza del manto stradale e dei suoi avvallamenti che venivano dritte dritte da un altro mondo: quello della mia infanzia. Credo che anche Alice avesse l'incantamento nostalgico del ritorno, perché non parlava e ogni tanto mi posava una mano sulla spalla captando i miei picchi emotivi; per alleviarli, immagino. Non ha perso, o non ancora, queste forme naturali di confidenza.

Apprezzo che mi abbia convinto a tornare nella casa che ho venduto. Avessi dovuto scegliere da solo, non so se l'avrei fatto.

«Andiamoci», ha detto soltanto. E io su due piedi mi sono scoperto a pensare che forse rientrare provvisoriamente, contrattualmente, in possesso della casa a cui avevo voltato le spalle mi avrebbe aiutato a risolvere il senso di colpa. Che mi sarei definitivamente convinto di averla persa. Che da affittuario l'avrei sentita estranea, indifferente al mio rimorso.

Una congettura, un azzardo, una previsione ottimistica che però mi ha migliorato l'umore. Il tutto concentrato nella battuta semplice e perfetta che ha fatto Alice, con l'intelligenza sintetica e un po' cinica di cui è dotata: «Non fare come se fossi a casa tua e vedrai che funzionerà».

Sull'ultimo tornante dopo il quale il paese appare di colpo ai piedi della montagna come un presepe vivente, ho un piccolo tuffo al cuore che Alice intercetta e sdrammatizza con una frase che potrebbe offendermi, se non la condividessi.

– Eccoci davanti al trauma.

Le sorrido cercando di non darle troppa soddisfazione.

– Non è poi cosí difficile, – aggiunge.

– Ah no? – dico tanto per dire. Ma sento che le sto dando ragione un'altra volta.

Abbassa il finestrino, chiude gli occhi e prende un respiro profondo. La imito e mi riempio i polmoni. A parte il mare, non credo esista odore piú bello di quello dell'erba.

– Un mio paziente si è ammalato per la seconda volta, – dice guardando la strada e spettinandosi i capelli. – Il suo dentista, durante una seduta, si è accorto che aveva un linfonodo grande come una noce sotto la mascella.

Mi volto verso di lei alla moviola.

– Linfoma non Hodgkin. Il primo gliel'abbiamo curato con chemio e radio. Nove mesi di terapie, remissione completa. Tre anni dopo siamo daccapo.

Vorrei dire «E allora?» ma prima ho un'altra domanda.

– Credevo che dopo tre anni dalla guarigione le probabilità di riammalarsi fossero le stesse di chi non ha mai avuto niente.

– Sí, anch'io. Piú o meno. Qualcuno dice cinque. La verità è che ogni paziente fa storia a sé.

– Ma perché me ne stai parlando?

Non mi risponde. O meglio, rimane nell'implicito.

– Per confermare la recidiva abbiamo dovuto indagare, naturalmente. Quaranta giorni d'attesa per l'agoaspirato.

– Continuo a non capire.

– Ma sí che capisci.

– Dici?

Qualcosa mi pare di capire, in effetti.

– Puoi immaginare cosa sono stati quei quaranta giorni per lui. Cinquantadue anni, tre figli. La piú piccola fa la seconda media. È un uomo discreto, non mi ha mai scritto né telefonato. Allora lo chiamavo io, per aggiornarlo, e per sentire la sua voce. Da quella capisco subito lo stato d'animo dei pazienti.

– E?

– Aveva paura. Soprattutto all'inizio. Era incredulo, scandalizzato di dover riprecipitare nell'incubo dopo tutto quello che aveva passato. Sai, quando il tumore ritorna sembra che ti parli come un destino. È un inganno, ovviamente; una truffa. Del resto è un male subdolo, sleale. Si manifesta quando ha preso il sopravvento. L'errore piú grave che un malato può fare è dargli retta. Disperare. Noi in fondo siamo lí per quello: per smontare l'inganno.

– Devi proprio andare avanti, Alice? Sembra che tu mi stia lavorando a fuoco lento in modo che non potrò che darti ragione quando arriverai al punto.

– Bravo. È esattamente quello che ho intenzione di fare.

– Be', fai presto che sono già provato.

– Una sera mi ha risposto dopo molti squilli. Ho capito subito che aveva pianto. «Mi spiace se l'ho spaventata, – gli ho detto, – volevo solo informarla che faremo l'agoaspirato nella prima settimana di aprile. La chiameranno a giorni per l'appuntamento».

– E lui?

– Ha lasciato andare un sospiro che mi ha stretto il cuore. Non era solo stanco, era addolorato dalla stanchezza. Poi mi ha chiesto se eravamo in tempo.

– Eravate in tempo?

Qualcosa sfreccia sulla strada, poco piú avanti, poi scompare nell'erba. Una volpe, forse, o un gatto. Sulle medie distanze li ho sempre confusi.

– Eravamo in tempo. Tant'è che lo stiamo curando e ne verrà fuori.

– Ma non hai risposto cosí alla sua domanda.

– No. È il tipo di domanda che fai quando non reggi piú la speranza. Aspettare una diagnosi è peggio della diagnosi. E quando arriva, anche se conferma il sospetto, ti libera da quel peso. È faticoso portare speranza.

– Credo di aver capito, – dico, scansando un dosso.

– Allora dillo tu.

– Quando gli esami hanno riscontrato la recidiva si è sentito meglio.

– Credimi, era sollevato. Mentre gli spiegavo il piano di cura gli occhi avevano un'altra luce. Bassa, ma limpida.

Annuisco.

– Ecco lí la casa che tanto ti spiace aver venduto. Le stai andando addosso invece di portartela sulla coscienza.

– Va bene, ho capito e apprezzato l'iperbole.

Tace. Ma non è silenzio. Solo un tempo che si prende per rispondere.

– So del tuo sogno.

Per un attimo mi perdo.

– Che cosa?

– Il tuo sogno ricorrente.

Ingoio un po' di saliva.

– E come fai a saperlo? Non te l'ho mai raccontato. Parlo nel sonno?

– Peggio. L'hai scritto.

Sollevo il piede dall'acceleratore. Una donna con una cesta di verdure tra le braccia sta per attraversare e mi ringrazia con un cenno della testa, ma non è per lei che ho rallentato.

– E quando, dove? Non me lo ricordo.

Alice prende la borsa dal sedile posteriore, tira fuori il cellulare, apre un'applicazione (non vedo bene, quella delle immagini, forse), striscia il polpastrello sul display scorrendo velocemente le pagine di un testo (viste da qui sembrano una colonia di formiche che fuggono all'impazzata) e comincia a leggere:

– «Sono nella casa che ho venduto. Non è proprio come la ricordavo ma non ci bado piú di tanto. C'è mia moglie con me, e nostro figlio ancora bambino che scorrazza intorno al tavolo».

All'inizio non riconosco le mie parole. È una cosa che mi capita, quando è qualcun altro a leggerle. Poi comincio a ricordare.

– «Abbiamo cenato e stiamo per salire in camera da letto quando all'improvviso realizzo che la casa non è piú mia e che potrebbero tornare i proprietari da un momento all'altro. Sento il rumore di un'auto sul vialetto. Delle voci. Qualcuno che chiede di chi sia l'altra macchina in giardino».

Accosto, mentre Alice prosegue.

– «Cosa gli dirò? Come spiegherò la nostra presenza? Dobbiamo andarcene in fretta. Subito, immediatamente».

– Va bene, ho capito. Dovevo averlo rimosso. Dove diavolo l'hai trovato? Su un giornale? Un'antologia? In rete?

– Su una rivista di arredamento. «Spazi»? No, ricordo male. Ultima pagina, quella riservata ai racconti. Me l'ha segnalato un'amica.

Guardo nell'aria frugando nella memoria, e riaffiora l'immagine di una copertina. Non si chiamava Spazi. Punti? Luoghi? Zone? Mi torna in mente una mia brutta foto che avevano scelto a corredo del pezzo mentre Alice, non contenta, riprende:

– «Dai dolori guariamo superandoli. Letteralmente: lasciandoceli alle spalle, voltandoci e scoprendo di aver messo abbastanza strada fra noi e loro, abbastanza da sentirci sicuri di non poter piú essere raggiunti».

– Ma devi leggerlo proprio tutto? – dico, sentendomi arrossire.

– «Aspetto la fine del mio sogno come il momento in cui mi volterò indietro e non vedrò piú, nemmeno sollevandomi sulle punte, quella casa che avevo e che ho perso».

Chiude l'applicazione e posa il telefonino sul cruscotto.

Restiamo in silenzio. Io mi sento un po' a disagio, un po' violato, diciamo.

– Possiamo ripartire, adesso?

– Non ti ho mica detto io di fermarti.

Metto in moto. Cala quel tipo di silenzio che non sopporto.

– Sei arrabbiata perché non te ne ho parlato?

– Semmai dispiaciuta.

Arriviamo all'incrocio che precede l'ultima serie di curve.

– Non che non sapessi quanto ti mancava Cavaliere. Non sapevo del sogno. È una sciocchezza, ma non mi piacciono i segreti. Soprattutto non mi piace scoprirli per caso. Dovrebbero restare dove sono. Una volta svelati, qualcosa si rovina.

Come ha ragione. E quanto mi vergogno, adesso.

– Potrei dirti che non volevo nascondertelo, ma non sarebbe vero.

– Certo che non sarebbe vero. Quella rivista non è mai comparsa a casa nostra perché non volevi che mi capitasse fra le mani.

– Sí, – confermo.

«BENVENUTI A CAVALIERE, COMUNE D'EUROPA, GEMELLATO CON IL COMUNE DI SERMAISE (FRANCIA)», ci saluta il cartello.

Mi lancio nel fuoco che appicco

Ci stiamo separando *anche* perché mi ha nascosto una paginetta in cui raccontava di un sogno che gli dava dolore? Gli ho letto i passaggi salienti di quel raccontino per rinfacciargli un'azione commessa alle mie spalle. Perché l'ho fatto? Era cosí grave da parte sua nascondermi che era visitato da quel sogno, «una scena che – cito a memoria – si ripete una notte ogni tanto e mi addolora il risveglio?» Tenermi all'oscuro confermava la lontananza che si era formata fra noi e mi faceva sentire che lui la stava esercitando, ammesso che si possa esercitare una lontananza, praticarla, farla diventare un gesto, un'azione, in questo caso un'omissione protratta nel tempo e quindi destinata a diventare tempo, quel tempo che una volta passato non si recupera piú, ciò che appunto gli rimproveravo leggendogli quella specie di capo d'imputazione.

E perché Fosco non ha avuto l'impulso di difendersi, dirmi: «Aspetta un momento, ma che cazzo stai dicendo? Dovrei cospargermi il capo di cenere perché non ti ho fatto leggere un raccontino dato a una rivista di cui non ricordo nemmeno piú il nome? E che cosa avrei commesso di cosí irriguardoso nei tuoi confronti per farti sentire in diritto di inquisirmi con quel telefonino di merda con cui ti sei presa addirittura la briga di fotografare il racconto per avere una prova da rinfacciarmi? Sai cosa, piuttosto? È vero, non volevo che sapessi del sogno, e non per non darti un dispiacere, solo perché non sono tenuto a darti conto di quello che sogno o scrivo. E adesso lasciami in pace».

Se mi avesse detto questo non avrei saputo rispondere; forse mi sarei scusata per averlo aggredito, perché era quello che avevo fatto, mettendolo all'angolo con un'accusa tutto sommato pretenziosa e debole. Aveva fatto bene a tenerselo per sé, il suo peso sullo stomaco. Perché poi una caratteristica dei pesi sullo stomaco è che anche quelli fanno il loro tempo. Nel senso che gli altri a un certo punto si aspettano tu abbia risolto il problema che ti assilla. Come se il passare del tempo implicasse una soluzione. Di piú: come se il tempo ti avesse dato l'occasione di guarire dal tuo dolorino (tutto il tempo che vuoi, appunto), e tu non avessi superato la prova. Ma il tempo non conta niente davanti al rimorso. È solo altro tempo che passa.

Tutto questo lo so, eppure ho dato addosso a mio marito. Perché sono arrabbiata con lui (*con* lui: è un veleno alimentato dalla vicinanza, che si attenua quando siamo lontani, per esempio quando sono al lavoro penso a noi con nostalgia), è una rabbia che non so canalizzare, che non mi spiego ma sento, e libero come mi capita, cosí, senza motivo, facendo del male a me stessa per prima. E il peggio è che credo che lui lo capisca. E si lasci aggredire, senza nemmeno chiedermi cosa mi ha fatto. Detesto la sua capacità di comprendere e perdonare. Mi fa sentire inferiore, colpevole, e per questo ancora piú arrabbiata. Faccio tutto da sola, insomma. Mi lancio nel fuoco che appicco. Sono il cane che si morde la coda.

Quando abbiamo preso la stradina sterrata che porta a casa sua (la chiamo ancora cosí, accorgendomi, nell'attimo in cui lo penso, di non aver mai detto «casa nostra»), ha tolto la mano dal cambio e me l'ha posata sul ginocchio, in un bisogno inconsapevole di stringere a cui ho immediatamente risposto con un automatismo quasi materno, afferrandogli la mano e intrecciando le dita nelle sue. D'istinto ha fatto per ritrarla, ma gliel'ho impedito. Soltanto allora ha realizzato il contatto. Ci siamo guardati negli occhi, gli avrei posato la testa sulla spalla se di lí a un attimo non avessimo visto una donna in tuta da ginnastica che agitava le braccia verso di noi.

«Chi è?» gli ho chiesto.

Lui ha stretto gli occhi, sforzandosi di riconoscerla.

«Non lo so».

L'abbiamo affiancata. Era piuttosto sovrappeso, anzi decisamente.

Fosco ha abbassato il finestrino. Lei ci ha rivolto un sorriso che le ha fatto diventare la faccia ancora piú rotonda.

«Fosco!»

Lui ha ricambiato a fatica, non avendo idea di chi fosse. Poi ha guardato me, neanche potessi essergli utile. Se lui brancolava nel buio, figuriamoci io.

«Scusami, mi dispiace, credo di non riconoscerti».

L'entusiasmo le è scivolato dal viso come un panno. Poi ha sospirato attraverso il naso, stirato un mezzo sorriso di rinuncia e scosso la testa.

«Devo essere proprio invecchiata», ha detto.

A quelle parole, Fosco è quasi saltato sul sedile.

«Barbara!»

E ha aperto subito lo sportello, per scendere dalla macchina e buttarle le braccia al collo.

Non avevo idea di chi fosse questa Barbara che Fosco continuava a tenere per le spalle come per assicurarsi della sua esistenza e impedirle di sparire.

Le mele

Ma tu guarda, Barbara. Quella che ha adottato Geppo. Quella che con una parola mi ha messo all'angolo da bambino.

«Ma che stai facendo?» le avevo chiesto, vedendola raccogliere una mela dal nostro albero.

Se ne stava seduta sul ramo, tranquilla. Chissà quante volte c'era già salita, su quell'albero.

«Perché, non lo vedi?» aveva risposto.

«Sí che lo vedo, stai rubando le mie mele».

«Non sono tue», aveva detto sbuffando, manco l'annoiassi.

«Sí che sono mie. Sei nella mia terra».

«Non è tua. È di tuo padre».

«È la stessa cosa».

«Non è la stessa cosa».

Sfacciata. Con le ginocchia tutte sbucciate e il musetto ingrugnito.

«Sí che è la stessa cosa».

«Voi non ci venite mai, qui».

Era vero, a Cavaliere andavamo sí e no tre volte l'anno. Solo d'estate restavamo a lungo. Perché non avrebbe dovuto appropriarsi delle nostre mele se noi le lasciavamo dov'erano e non ci prendevamo il disturbo di raccoglierle? Quand'era stata l'ultima volta che eravamo tornati a casa con una cesta di mele, di castagne o di nocciole o di gelsi, che macchiavano le dita e i vestiti?

«Se ci veniamo o non ci veniamo non sono fatti tuoi. Restituiscimi le mele e vattene a casa tua».

Lei mi aveva guardato con il disgusto dell'umiliazione. Perché è cosí, l'umiliazione dà la nausea.

«No».

«Se non mi ridai le mele chiamo mio padre».

Le tremavano le labbra. Era a un passo dal piangere.

«Perché fai il padrone con me?»

Disse proprio cosí, con la dignità ferita di chi sta subendo un'ingiustizia. E io mi ritrovai in quella definizione come in un vestito dalle misure perfette. È una sensazione fortissima sentirsi definito da una parola che non capisci.

Dopo che Barbara se n'è andata, Fosco mi ha raccontato un episodio di quando erano piccoli che aveva a che fare con le mele e con certe parole che di colpo ti definiscono.

Mentre raccontava andava e veniva, spaesato, dalla cucina alla sala da pranzo e dalla sala da pranzo alla stanza del camino. Ogni tre passi chiudeva gli occhi e li riapriva, accusando gli sbalzi dalla memoria al presente. A me sembrava che non fosse cambiato niente, a parte una vetrina di un azzurro inguardabile che occupava la parete sotto la scala a chiocciola e un pezzo di muro da cui era stato staccato l'intonaco per portare alla luce la pietra viva.

«Ma davvero è andata cosí?»

«Non ci credi? Vuoi chiederlo a lei quando ripassa?»

«Sembra l'inizio di una storia d'amore. Un po' Heathcliff e Cathy. E vi siete innamorati?»

«No. Però il giorno dopo le ho chiesto scusa».

«Che non è proprio un'alternativa all'innamorarsi».

«A volte ci s'innamora anche cosí».

«Ma a voi non è successo».

«Ancora? Ma che hai oggi, che ripeti le domande?»

«Insomma le hai chiesto scusa».

«Eh».

«Cioè le hai restituito le mele?»

«Di piú. Le ho detto che se ne voleva altre la aiutavo a raccoglierle».

«E lei?»

«Stava giocando davanti a casa sua con un carretto di legno che le aveva costruito il padre. Era bellissimo, aveva addirittura la targa. Ancora me la ricordo, NA050264. Però la N era scritta al contrario, capito come».

Ha disegnato nell'aria la lettera storta, invertendo il verso della diagonale.

«Ma certo, la N allo specchio!» ho battuto le mani una volta, come applaudendo alla memoria che tornava. Quante volte l'avevo vista, quella N in stampatello storpiato. Su quanti cartelli scritti a mano sulle bancarelle del mercato, su quanti muri, su quanti striscioni appesi alle finestre e ai balconi quando giocava l'Italia.

«Ho dovuto insistere».

«Con Barbara?»

«Sí. Ma non c'è stato niente da fare. Non le voleva. Né le mele né le scuse».

«E poi?»

«Sono rimasto lí ad aspettare che le passasse. I bambini sanno essere molto pazienti».

«E le è passata?»

«No. Dopo un po' me ne sono andato».

«E allora come avete fatto la pace?»

«Il giorno dopo l'ho ritrovata sull'albero».

Mi è venuto da ridere.

«Un bel caratterino», ho detto.

«Hai voglia. Suo padre diceva sempre: "Questa è nata sfastidiata. Come le dici una cosa sbuffa"».

Mi era sempre piú simpatica, la fidanzatina mancata del mio quasi ex marito. Chissà perché non l'ho mai vista, le volte che sono venuta a Cavaliere.

In dispensa c'era di tutto, il caffè, lo zucchero, dei biscotti da colazione, piccole confezioni sigillate di marmellata e cioccolata spalmabile, l'olio, il sale, dei barattoli di pelati, alcune spezie in polvere e un fiasco di vino. Al centro del tavolo della cucina campeggiava un cesto di frutta di stagione. Ma il vero omaggio di benvenuto era una borraccia d'acqua freschissima che Barbara aveva riempito alla fontana dell'antico lavatoio del paese poco prima del nostro arrivo.

«Sai una cosa?» ha detto Fosco mentre disfacevamo le valigie, quando ci siamo spostati al piano di sopra.

Aveva il tono di chi ci tiene a tornare su un argomento per aggiungere un dettaglio che non gli va di tralasciare.

«Non ne abbiamo mai piú parlato».

«Della faccenda del padrone?»

«Sí. Mai piú. Neanche nominata. Abbiamo fatto finta di niente».

«Non mi sorprende».

«Ah no?»

«Neanche un po'».

«Perché?»

«Perché i bambini non dimenticano il dolore, lo nascondono. E non solo per vergogna. Non vogliono usarlo».

Stava sistemando una camicia su una gruccia, si è voltato verso di me lentamente e ha annuito, ma senza guardarmi.

In quella camera dove avevamo dormito tante volte, un tempo c'erano un cassettone sovrastato da un grande specchio liberty lesionato al centro, un armadio francescano, un letto matrimoniale e due comodini con gli sportelli e i ripiani di marmo. Non era rimasto piú niente. Eravamo nella stanza da letto di un bed&breakfast, arredata con i mobili dell'Ikea dai nomi bellissimi e impronunciabili.

Fosco continuava a chiudere gli occhi e a riaprirli come se non potesse fare diversamente. Ero addolorata per lui, eppure avrei voluto dirgli di smettere. Quel gesto m'innervosiva, come quei piccoli rumori continuati che qualcuno che ti siede accanto in treno produce senza accorgersene, picchiettando il sottotavolo con la nocca del pollice, per esempio, e tu ti trattieni a stento dall'afferrargli il polso per costringerlo a stare fermo, una buona volta.

Il sentiero per l'Acqua del Cerro

«E se me lo portassi via?» penso quando mi sveglio e rivedo il vecchio lampadario con i listelli di vetro, fra i pochi reperti di casa scampati al cambiamento. Apparteneva ai miei nonni, in fondo. Di tutta la mobilia che abbiamo lasciato qui, questo è uno dei pochi oggetti che non ricordavo. Sarebbe cosí deprecabile riprendermi quello ch'era mio? Potrei dirlo ai nuovi proprietari: «Vi spiace darmi questo lampadario? Era dei miei nonni, ci terrei a riaverlo». Potrei anche pagarglielo. Ma ripensandoci non voglio. Non voglio sentirmi dire di no, non voglio riconoscere ad altri la proprietà di un oggetto affettivamente mio e meno ancora pagarlo; per cui credo che lo ruberò. Lo sostituirò con uno che gli somiglia, probabilmente non se ne accorgeranno neanche.

Quando vendi una casa devi prenderti quello a cui tieni. Non hai diritto alla dimenticanza. Dopo, non puoi recuperare piú nulla. La proprietà privata non guarda in faccia a nessuno.

Mi alzo, tiro su la persiana. L'aria è limpida, fra i rami dell'abete che supera la casa in altezza il primo sole proietta diagonali di luce che colpiscono il prato, svettano verso l'alto e disegnano geometrie anomale e perfette. Faccio per aprire la finestra e l'occhio mi rimbalza su una crepa del battente che solleva una buccia di vernice formando la sagoma di una cavalletta che riconosco immediatamente. È ancora lí, mimetizzata, sfuggita all'imbiancatura grossolana del resto della stanza. La lesione nel legno fa da testa e da addome. Intorno, piccole arterie in cui si dirama il taglio. Quelle di sopra fanno da ali e da antenne. Sotto, una sola zampina, ma punta cosí decisamente in avanti da far sembrare che l'insetto si sia appena posato.

A un tratto, il riaffiorare dell'immagine mi consola, e qualcosa che mi si era impigliato dentro mi lascia. Come se scoprire di aver conservato nel camerino degli occhi una figura immaginaria capace di riapparire in modo cosí nitido e intatto a dispetto degli anni fosse lí a dirmi che non c'è nulla che ho veramente perso. Che ogni cosa che ho amato è con me, e nessuno me la può togliere.

Apro la finestra e mi riempio i polmoni. L'odore antico e terroso dell'erba mi fa socchiudere gli occhi.

Mi sento bene.

Vorrei dirlo ad Alice, ma dorme ancora e non mi va di svegliarla. Ha voluto sistemarsi in camera mia, cioè, in quella che da ragazzo era camera mia e adesso è semplicemente una camera. Le ho chiesto se voleva dormire nella stanza matrimoniale con me, o meglio lontana da me, come ci siamo abituati a casa.

«No, qui no», ha detto perentoria.

Non ho insistito. Lei ha aggiunto:

«Vai tu nell'altra, di là hai meno ricordi. Prendo io questa».

Un gesto di attenzione che arrivava subito dopo un piccolo scambio polemico che mi aveva un po' irritato.

«Hai mal di testa?» aveva detto a bruciapelo mentre disfacevamo i bagagli. Ma cosí, di punto in bianco.

«Come?» avevo risposto.

«Ho chiesto se hai mal di testa».

«Perché?»

«Non fai che stringere gli occhi in continuazione. E smorfi la bocca come se avessi un dolore che pulsa a intervalli regolari».

«Un dolore che pulsa a intervalli regolari».

«Vuoi che lo dica in un altro modo? Hai una nevralgia del trigemino?»

«No, credo di aver capito».

«Non che fosse difficile».

«Quindi faccio cosí», ho detto, tra l'imbarazzo e la stizza.

«E sí che fai cosí».

«Ma tu noti sempre tutto? E devi proprio riferire tutto quello che noti?»

«Non ti ho mica spiato. Da quando siamo entrati l'avrai fatto almeno venti volte».

Ho sospirato.

«Lo sai benissimo che non ho mal di testa».

«Infatti».

«Però me l'hai chiesto. Ti dà fastidio che lo faccia?»

«Un po'. Sembra un tic».

«Potresti anche sforzarti di essere meno indiscreta, ogni tanto».

«Cercavo solo di sdrammatizzare».

«Già».

«Scusami».

«Non fa niente. È solo che è difficile ritrovarla cosí diversa».

Mi ha posato una mano sulla spalla.

«Prova a guardarla com'è. Soltanto com'è adesso».

Non ho detto niente. Allora lei ha concluso:

«Vai tu nell'altra, di là hai meno ricordi. Prendo io questa».

Scendo al piano inferiore. In dispensa c'è una moka da sei con la sindone dell'omino coi baffi. In tutte le cucine di Cavaliere, o almeno in quelle che ho visto io, ci sono sempre state soltanto macchinette da sei e da dodici. Del resto le famiglie del paese, quand'ero bambino e poi ragazzo, erano sempre piene di ospiti e parenti; e le case, proprio in genere, dei porti di mare. Nessuno chiudeva la porta. Sempre aperta, al massimo accostata.

Carico la macchinetta, la metto sul fornello, apro la portafinestra e m'incanto a contemplare il prato. Hanno cambiato la pavimentazione, hanno messo delle lastre di cemento al posto delle pietre, va' a capire perché. Era cosí bella l'erbetta che spuntava fra i sassi. Però ci s'inciampava. Una volta a un'amica di mia madre s'incastrò un tacco. Il tavolo di pietra invece è ancora nel suo angolo: estirparlo e soprattutto smaltirlo sarebbe impegnativo, con quel che pesa. Lo ricordo come uno dei primi terreni di scontro con mio padre. Ci stavo seduto sopra a giocare con un pupazzetto dell'Uomo Ragno che ho ancora, quando lo sentii chiamarmi:

«Fosco, ma dove sei?»

Dal prato in basso non poteva vedermi.

«Qui».

«Qui dove?»

«Qui sul tavolo».

«Ma che fai, parli da solo?»

Parlare parlavo, ma non da solo, con l'Uomo Ragno. Recitavo, piú che altro. Inventavo battute per lui.

«No, stavo giocando», dissi imbarazzato.

Venne su e mi raggiunse. Era sudato, in pantaloncini e canottiera, con un cappello con visiera, i guanti da giardino e una falce nella mano destra. Si sentiva parecchio country gentleman tra le fresche frasche di Cavaliere. Ma la sua vera passione era correggermi quando parlavo. Potrei trascrivere parola per parola il dialogo che seguí.

«Quello su cui stai seduto non è un tavolo», disse.

«Ah no?» chiesi io, perplesso.

«Guardalo. Ti sembra un tavolo?»

«A me sí, – risposi buttando un'occhiata a quell'affare che adesso non ero piú tanto sicuro si chiamasse cosí. – Perché non dovrebbe sembrarmi un tavolo?»

«Il tavolo è un mobile, – fece lui. – Si chiama mobile perché puoi muoverlo. Questo è inchiodato nella terra».

«Allora è un tavolo immobile».

«Se è immobile non è piú mobile, no?»

Per un attimo mi sembrò che avesse ragione.

«Però puoi farci le stesse cose che fai con un tavolo normale. Mangiarci sopra, appoggiarci qualcosa».

«Ma non puoi spostarlo».

«Siccome non posso spostarlo non è un tavolo?»

Facevo queste domande, da ragazzino.

«Ecco, bravo», rispose lui un po' seccato.

«Allora se per esempio non posso piú sedermi su una sedia perché si è rotta, quella sedia non è piú una sedia?»

Alzò un sopracciglio. Ero stato impeccabile, parlando senza falsa modestia.

«Certo che è una sedia, Fosco. È una sedia rotta».

Cominciava a irritarsi.

«Quindi la sedia rimane una sedia anche se è rotta, ma il tavolo non è un tavolo anche se posso mangiarci sopra».

«Piantala», disse lui.

«Allora come dobbiamo chiamarlo?»

A quello non aveva pensato. Si prese un momento: «Tondo. È un tondo di pietra».

«Un tondo di pietra», ripetei.

«Sí. Abbiamo finito di disquisire, adesso?»

Fu piú o meno da allora che smisi di prendere sul serio quello che diceva. Anche perché il tondo non è una figura geometrica.

Era cosí che andava con i padri dell'epoca: a un certo punto dovevi chiudere il becco. «Non rispondere» era un comandamento che avrò sentito mille volte, da bambino. E malgrado fra me e me abbia sempre spernacchiato quella rivendicazione di autorità che non distingueva la ragione dal torto, ho continuato a conservare un riflesso condizionato al silenzio, appena qualsiasi discussione sfiorava la polemica. Cosa se ne facesse un padre di un figlio che gli dava ragione senza averla, non l'ho mai capito.

La moka sputacchia il caffè. Ne bevo metà (sa un po' di acciaio invecchiato), torno su, mi preparo per la mezz'ora quotidiana di jogging, esco di casa facendo meno rumore possibile per non svegliare Alice. Non sono ancora le otto e fa un po' freddo. Conto di riscaldarmi correndo. Spero che la felpa mi protegga abbastanza.

Prendo la strada che porta all'Acqua del Cerro, una bellissima fontana dell'Ottocento molto bassa, fatta per permettere alle mandrie di abbeverarsi, meta abituale di lunghe passeggiate in cui raccoglievamo le more per poi infilarle nei gambi delle spighette e farne delle collane da addentare a mo' di spiedini.

L'Acqua del Cerro dista poco piú di un chilometro, ma ci si stanca facilmente perché la strada sterrata è un falsopiano. Correndo, si va subito in affanno. C'è un che di consolante nel ripercorrere questo sentiero, qualcosa che non ha a che fare con la nostalgia ma con la naturalità del perdurare delle cose. Ne avevo già fatto esperienza ammalandomi e guarendo, in un certo senso. Ora mi sembra tutto cosí felicemente ovvio e giusto, nella sua banalità. Le cose restano e ci superano, le perdiamo o le conserviamo, saremo noi a finire prima e non importa, tutto avrà il suo turno, molto succederà senza che ne sapremo niente, il futuro semplice e forse anche il futuro anteriore non ci riguardano, è la memoria del presente che conta.

Accelero per contrastare il freddo e seguo una mappa mentale fatta di tratti interiorizzati negli anni e suddivisi per siepi, rocce, dossi, avvallamenti, piccole frane, brevi ma vorticose discese seguite da salite che affannano, finché in lontananza non scorgo i ruderi di una chiesa al centro di un campo incolto, un'immagine quasi astratta, che un po' ricorda l'*Abbazia nel querceto* di Friedrich. Quante volte da bambini ci siamo spinti fin lí e abbiamo provato a entrarci, arretrando davanti alla barriera d'erba che aveva riempito il rudere crescendo in altezza fino a toccare il cielo. «Una giungla in prigione», la chiamava Felicino.

Rallento, assecondando la tentazione di farci un salto, quando alle spalle sento un latrato che sembra un lamento, piú che un ringhio. Mi volto lentamente mentre il gemito diventa costante, come volesse farsi presenza, annunciarsi. A pochi metri da me, una coppia di meticci di taglia diversa è ferma al centro del sentiero. Se mi fossero apparsi di fronte mi sentirei meno braccato, trovarmeli alle spalle mi chiude tutte le vie di fuga. In teoria non ci sarebbe differenza, ma l'istinto spinge sempre all'indietro, e questo, forse, i guardiani del gregge lo sanno. Sono terrorizzato e insieme attratto dal sospetto che queste due sentinelle stiano applicando uno schema militare primitivo basato sulla previsione delle mosse del nemico, una strategia preventiva che non spreca le forze in un attacco indiscriminato. Il piú robusto dei due sembra incrociato con un pastore bergamasco, pare uscito dal carbone, ha una matassa di capelli (piú che peli) lunghi e intrecciati che lo fa assomigliare a un ibrido fra un rasta e un hippy. Non ha un aspetto aggressivo, anzi. Mi studia con gli occhi, non muove un muscolo ed è questo che mi spaventa. È lui il capobranco, ammesso che due cani formino un branco. L'altro invece è magro, tutto muscoli, palesemente piú giovane, le orecchie a punta, la testa color nocciola e il mantello bianco con delle screziature rossastre. Mostrandomi i denti continua a emettere quel gemito sgraziato, intestinale, ma resta fermo accanto al capellone aspettando il suo comando per attaccare.

Mi guardo intorno. Non vedo né il gregge né il pastore. Magari arriverà quando i suoi cani mi staranno facendo a pezzi. Sono un fascio di nervi, il mio sudore è cambiato, è piú forte, piú sgradevole: è questo l'odore della preda che avvista l'animale che la dilanierà? La paura che mi traspira dai pori raggiungerà l'olfatto del cane piú feroce e ne farà divampare la rabbia, penso a velocità vorticosa. Sono solo, in minoranza, nessuno può aiutarmi. Scappare sarebbe la decisione piú sbagliata, ma farsi prendere dal panico è un attimo. Potrei tirare fuori il cellulare e usare il file audio degli spari che ho scaricato tempo fa su consiglio di un amico che corre nei boschi. «Funziona, – mi ha assicurato, – al suono della prima pistolettata il cane scappa». Lo farei, se non temessi che il movimento della mano che fruga nel marsupio alla ricerca del telefono possa scatenare l'attacco. Allora improvviso. Mi piego lentamente sulle ginocchia continuando a fissare il capobranco negli occhi e mi siedo sulla ghiaia mentre quello segue la mia manovra muovendo la testa dall'alto verso il basso. Il cane magro adesso si agita, abbaia, fraintende le mie intenzioni o semplicemente le ignora, pesta le zampe a terra, non vede l'ora di essere autorizzato a scagliarsi su di me, ma ecco che l'altro si volta verso di lui e lo guarda dritto negli occhi, giuro, con una specie di riprovazione, il biasimo di un generale che richiama all'ordine un soldato, quasi gli dicesse: «Ma che fai, non vedi che è innocuo?» e quello guaisce e tace. Resto seduto, respiro a fatica, ho sete, la bocca arsa. Il capobranco mi lancia un'ultima occhiata, annusa l'aria, si volta su se stesso e si allontana, seguito a ruota dal gregario, che gli trotterella dietro frustrato, bisognoso di riaccettazione.

È finita.

Faccio per rialzarmi ma non ci riesco. Tremo, scarico adrenalina, ovunque posi gli occhi m'incanto, quasi che il corpo, esposto al pericolo per un tempo breve ma dilatato dall'angoscia, non avesse ancora capito di averla scampata. Porto le ginocchia al petto e mi abbraccio gli stinchi, mi stringo a me stesso per rassicurarmi. Poi il suono di un campanaccio mi riconnette con la realtà. Vorrei che arrivasse il pastore, adesso, per investirlo d'insulti.

Non ho idea di quanto tempo sia passato quando mi rimetto in piedi. Sono stanco come se avessi lottato, ma intendo arrivare comunque alla fontana e ubriacarmi d'acqua. La paura è svanita, non credo di essere piú in pericolo, ma prima d'incamminarmi (a correre non ce la faccio) tiro fuori il cellulare e tengo pronto il file audio dello sparo.

L'aria si è intiepidita. Cammino piano, la stanchezza avvolge progressivamente ogni muscolo, diffondendo uno stato di rilassatezza. Quando arrivo all'Acqua del Cerro, un intenso, incantevole profumo di fichi m'invade le narici. Evito di calpestare, per quel che posso, gli escrementi del bestiame che ricoprono il pavimento davanti alla vasca, mi piego sul bocchettone, unisco le mani facendone una coppa e mi rimpinzo di tutta l'acqua che riesco a ingoiare bagnandomi anche il viso, il collo, i capelli, la felpa. Strappo un fico da un ramo, lo squarcio a metà, lo scavo con i denti, mastico, ingoio e mi disseto ancora; impugno il bocchettone e metto la testa sotto il getto dell'acqua a costo di raffreddarmi, il piacere che mi procuro vale il rischio.

Nel risollevare la testa, noto un ragazzino sul ciglio della strada. Non è vicino ma lo vedo piuttosto bene. Ha i pantaloni corti, una maglia nera a collo alto e un ciuffo che gli cade sulla fronte. Pure da questa distanza mi sembra sporco, le mani sono scure e anche la faccia è lurida. Se ne sta lí, fermo, mi guarda e sorride. Mi asciugo le labbra con il polso e stringo gli occhi per acuire la vista nel tentativo di cogliere, sul suo volto, un qualsiasi appiglio che mi aiuti a capire perché ho l'impressione di conoscerlo. Il figlio, forse il nipote, di un confinante? Del pastore? Magari era lui a badare al gregge. È per colpa sua se per poco non sono stato azzannato? È un'ipotesi. Ma una voce dentro mi dice altro. Come se quel ragazzino non solo avesse a che fare con me, ma sapesse qualcosa che non vuole dirmi. Accelero il passo, e in quel preciso momento lui smette di sorridere e salta nel campo sottostante, preparandosi a scappare.

– Aspetta! – gli urlo.

E quello per tutta risposta comincia a correre. Non è alto ma ha la falcata lunga, con pochi scatti ha già raggiunto il centro del campo. Sono troppo stanco per lanciarmi all'inseguimento. Lo guardo con un bisogno morboso di trattenerlo il piú possibile almeno con gli occhi, prima che sparisca. Lui corre, salta nell'erba, inciampa, cade e si rialza, riprende la corsa e si allontana sempre di piú, finché la sua figura non diventa un puntino stagliato contro l'orizzonte.

Mi appoggio a una roccia con una strana inquietudine, mentre un nome riemerge da qualche anfratto della memoria e trova la via d'uscita della bocca.

– Minicuccio, – dico.

Delivery

– Che hai? Pare che tu abbia visto un fantasma, – dico a Fosco che entra in cucina quasi trascinandosi. Sembra provato. E anche un po' pallido.

– Sai cosa? Può darsi, – risponde.

Tira fuori una sedia da sotto al tavolo.

– Ma che dici?

– Niente, scherzavo.

Mi avvicino.

– Sei caduto?

Si mette a sedere, sospira e si stira i capelli all'indietro. Bagnati, oltretutto.

– Mi sono salvato per miracolo da due cani da pastore.

– Che cosa?

Spengo la fiamma sotto il pentolino dell'acqua per il tè, non voglio il minimo rumore.

– Quelli che difendono il gregge.

– Oh santa Madonna. Ti hanno morso?

Apre le braccia, mostrandosi.

– Tu vedi delle ferite?

Faccio un passo indietro e lo squadro da capo a piedi, mi riavvicino, gli prendo le mani e gliele ispeziono, poi passo alle braccia e alle gambe.

– Ali, ma che stai facendo?

– Mi assicuro che tu non sia ferito.

– Non credi che lo saprei?

– La maggior parte delle persone che arriva al pronto soccorso dopo un incidente o una rissa è convinta di non essersi fatta niente. Poi li visiti e scopri che sono messi male. Non è che mentono, è che le endorfine possono attutire il dolore.

– Certo, sono stato azzannato e non me lo ricordo.

– Ma devi per forza discutere, Fosco? Non puoi semplicemente affidarti e lasciarmi fare il mio lavoro?

– Okay.

– Solleva la felpa.

Ubbidisce, un po' contrariato. Gli controllo il torace, l'addome e soprattutto i fianchi.

– Bene, – dico.

Mi rialzo in piedi, piego le mani in due alette che batto due volte verso me stessa per chiedergli di farsi piú vicino.

– Abbassa la testa.

– Perché?

– Fallo e basta.

China il capo. Con le dita divido i capelli in piccole ciocche e spio.

– Sembra che tu mi stia spidocchiando.

– Voglio solo essere certa che non hai battuto la testa, – concludo. – Va bene, non hai niente.

Gli accarezzo il viso, confortando piú me stessa che lui. Si ritrae. Un atto riflesso di cui si accorge con imbarazzo nell'attimo in cui lo compie. Mi scuserei, se non mi sentissi respinta. Cambiare discorso è un'uscita di sicurezza che non mi piace prendere, quando ci resto male per qualcosa. Ma adesso non mi viene nient'altro.

– Vuoi un tè?

– No grazie. E quello?

Si riferisce a un tegame di terracotta avvolto in una tovaglia quadrettata che se ne sta sul piano di lavoro accanto ai fornelli.

– Ah giusto, non te l'ho ancora detto. Ragú e braciole. È passata Barbara a portarlo, poco fa.

– Cosa? – fa lui illuminandosi come una lampadina.

– È tornata a casa ma viene piú tardi, ha detto di dirti

che «le sorprese non sono finite». L'ho invitata a mangiare con noi, penso ti faccia pia...

Neanche mi sente. Si alza di scatto lanciandosi verso il tegame col turbante, scioglie il nodo, solleva il coperchio e annusa.

– Gesú Cristo, – dice.

Rido nel vederlo inspirare a pieni polmoni con gli occhi chiusi.

– Ma cosa sniffi, che è freddo.

Afferra il tegame per i manici, quasi ci affonda la faccia, lo allontana da sé e lo contempla con una devozione religiosa. Un po' ci fa, ma devo ammettere che anch'io, quando Barbara mi ha mostrato quel panorama di braciole affogate nel ragú, ho avuto un'acquolina in bocca di quelle che pizzicano.

– Vuoi togliere la faccia da lí dentro, che tra un po' ti finisce il naso nel sugo?

– Non puoi capire, Ali. Giuro che non puoi. Guarda che densità, e che profumo. È un metotrexato del senso di colpa, questa roba.

Perché non dovrei capire, mica si capisce.

– Ma tu pensa. A saperlo te l'avrei fatto trovare a tavola almeno un paio di volte alla settimana, cosí la piantavi di rompere i coglioni, tu e la casa che hai venduto.

– Ah, ah, – fa lui arrossendo. La battuta è cattivella ma gli è piaciuta. – Comunque, senza nulla togliere alla tua cucina, io divento scemo per *queste* braciole e *questo* ragú.

– Cioè il ragú di Barbara?

– Ma no. Cioè, anche. Sí, insomma, quello che fanno qui, in generale.

– Tipo la genovese a Napoli o il porceddu in Sardegna?

– Piú o meno.

– Toc, toc, – bussano alla porta aperta. Con la voce, non con le nocche. E sulla soglia compare Felicino, attraversato per metà da un taglio di luce. Regge con tutt'e due le mani un vassoio da pasticceria avvolto in un foglio di carta lucida. I capelli e le sopracciglia bianchissime spiccano sul viso scuro, scavato da rughette che ricordano le venature del legno. Il tipo d'uomo che se ti trovi davanti quando giri l'angolo ti può anche spaventare, ma se lo guardi bene capisci che è bello. Fosco è cosí emozionato che sta zitto. Neanche a me viene una parola.

– Che dite, posso entrare? – domanda Felicino, gustandosi la nostra reazione.

Fosco si ridesta e gli corre incontro. Lo seguo a ruota per liberare le mani di Felicino e permettergli di abbracciarlo.

– Foscone, – dice Felicino. Da qui gli vedo gli occhi lucidi.

Fosco quasi gli piange nella spalla.

– Ehi, non mi hanno mica tirato fuori dalle macerie.

Fosco non ribatte ma potrei scrivere sotto dettatura la risposta che gli passa per la testa in questo momento: «L'ho appena fatto». Ed è vero: lo ha appena estratto dalle macerie che proprio lui gli aveva rovesciato addosso.

Si scioglie dall'abbraccio ma continua a tenergli una mano sulla spalla, non riuscendo a interrompere il contatto.

– Sei imbiancato.

Felicino stringe gli occhi come se gli avesse toccato un nervo scoperto.

– Non me ne parlare. Mia moglie mi chiama Sepolcro.

– Non ci credo.

– Fai bene. Ma tu non è che stai messo tanto meglio, che ti credi.

Fosco gli ributta le braccia al collo. Lui ricambia e gli rifila una doppietta di pacche sulle spalle, come a dire che si sono salutati abbastanza. Me la ricordavo, la sua ironia; anzi, il suo sarcasmo (categorie che fatico a distinguere, fra l'altro).

– Posso salutare Alice, che dici?

– Ah, ma certo, – risponde Fosco.

E finalmente lo lascia andare.

– Vieni qui, – mi intima Felicino.

– ’Spetta un attimo, – replico, ancora impicciata col vassoio.

Vado a posarlo sul ripiano della cucina senza neanche chiedergli cosa c’è dentro e torno da lui, che mi schiocca un bacio per guancia.

– Sei bellissima.

– Eeh, ma ti prego. Tu piuttosto, con quella faccia scolpita e quel corpo asciutto. Guardati, non hai un filo di pancia. Ma come fai, alla tua età?

– Come sarebbe alla mia età?

Ridiamo in coro.

– Quanto sono contenta di vederti.

– Anch’io. Ma assai, proprio.

– E come ti vanno le cose? Fosco mi ha detto che hai una figlia.

– Sí. Dorina.

Resto spiazzata.

– Come?

– Eh già, – conferma lui rivolgendo un’occhiata sbilenca a Fosco. Che sorride e un po’ si nasconde.

– Non me l’aveva mica detto, il tuo amico, – dico guardando mio marito e poi gli rifilo, tra il serio e il faceto: – Capito? Tu scappi dal passato e il passato ti fa di questi regali.

– Se vuoi farmi sentire in colpa arrivi tardi, Alice, – replica.

– Aah, smettetela. È solo il libro preferito di mia moglie, – minimizza Felicino.

– Sai che non ti ho ancora chiesto chi è? – domanda Fosco. – È di Cavaliere? La conosco?

– No, calabrese. Qui ha solo dei parenti lontani.

– Ce la porti a pranzo piú tardi, cosí ci conosciamo? Perché mangi con noi, vero?

Piú che un invito, un ordine.

– Io sí, volentieri. Lei purtroppo non può, finisce tardi al lavoro. Ma combiniamo sicuramente nei prossimi giorni. Vedo che Barbara è già passata, – dice indicando il tegame col turbante.

– Sí, infatti, – confermo. – L'ho già invitata e verrà. Quindi eravate in combutta, voi due.

– Noi tre, veramente.

– E il terzo chi sarebbe? – chiedo.

– La, terza – risponde.

Va dritto alla guantiera che gli ho tolto di mano poco fa, la scarta e ce la mostra. Finora pensavo fossero dolci.

– No! – dice Fosco, capendo. Un no retorico, chiaro.

Ma la vera sorpresa è un attimo dopo.

– Fusilli di Cristina, – annuncia Felicino.

Mi avvicino e m'incanto ad ammirare la disposizione impeccabile di quattro file di listarelle di pasta fatta a mano, ognuna minuziosamente diversa dall'altra, ancora spolverate di farina.

– Quando ha saputo che tornavate, si è messa subito al lavoro.

A Fosco, giuro, scende una lacrima.

– Oh, – gli dice Felicino strizzandomi l'occhio, – non mi vorrai mica abbracciare un'altra volta?

Scoppiamo a ridere.

– Siete due stronzi, – dice Fosco.

– Ehi, a momenti mi dimenticavo. C'è un altro amico. Arriverà da un momento all'altro. Era con me ma poi ha preso un'altra strada.

Fosco è interdetto. E anch'io.

– Come un'altra strada?

– Eh sí, ha quest'abitudine.

– E chi è? – domando io.

Felicino picchietta l'aria con l'indice per farci voltare verso la porta. Sulla soglia c'è un vecchio cane color miele, con la testa, il contorno degli occhi e il muso imbiancati, che ci guarda come aspettasse d'essere invitato a entrare.

A Fosco tremano le labbra. Il cane lo guarda. Sulle prime è interdetto. Poi, una piccola luce gli brilla negli occhi screziati d'azzurro. Lascia andare un lungo guaito e si lancia su di lui, sollevandosi sulle zampe posteriori per arrivare alla sua altezza e leccarlo in faccia con una tenerezza che mi prende alla gola.

Fosco s'inginocchia e si abbracciano, per quanto un uomo e un cane possano farlo. Felicino e io ci guardiamo commossi mentre lo sentiamo ripetere il nome di quel cane che nemmeno conosce con la voce incrinata dalla gioia.

– Bucky, – dice. – Bucky.

Un momento prima che salti tutto

Bucky mi annusa la faccia mentre mi siedo sui polpacci per cercare del sapone per i piatti nel vano basso dell'acquaio. Non sta ficcanasando, cerca solo di capire cosa sto facendo per rendersi utile. È facile leggere nei pensieri di un cane, perché ne ha uno per volta e non conosce la bugia.

Potrei caricare la lavastoviglie, visto che è lí pronta per l'uso e con le pastiglie bene in vista, ma preferisco andare a mano, mi rilassa. Ripetere una serie di movimenti uguali mi fluidifica i pensieri. Sarà lo scorrere dell'acqua.

Poso l'avambraccio sul dorso di Bucky e gli chiedo se secondo lui ci sarà un flacone di detersivo nascosto in qualche anfratto di questa selva di lattine d'olio vuote, bottiglie di vino andate ad aceto, vecchi strofinacci e pentole di rame dell'altro secolo. Lui allunga il collo, infila la testa nel sottopiano, dà una sniffata di massima, mi guarda e, giuro, si stringe nelle spalle in un modo che sa tanto di: «Mah, che vuoi che ti dica».

Quando Felicino e Barbara sono andati via dopo pranzo ho chiesto che me lo lasciassero qui. È democratico, sta un po' con tutti. Piú tardi lo porterò io da Cristina, cosí la saluto e la ringrazio pure per i fusilli, che mi hanno fatto sentire a casa.

– Ma che fai, parli col cane? – mi chiede Alice mentre trascrive sul telefonino la password del modem per collegarsi alla rete.

– E perché no. Dopo voglio anche leggergli un capitolo del romanzo.

– Massí, magari ti dà qualche consiglio, – sfotte lei.

– Guarda che non è cosí assurdo. Il cane materializza il fantasma del lettore che ascolta e non commenta.

– Il fantasma del lettore che ascolta e non commenta, – continua a sfottermi. E smette di copiare la password, sfidandomi ad articolare il concetto. Vediamo se le faccio passare la voglia.

– Che devo dirti? La lettura a voce alta serve a fare risuonare la scrittura nelle orecchie di un altro, anche se non c'è. Il cane ti guarda, ti ascolta, muove la testa di qua e di là come la lancetta di un cronometro, ti fa cogliere i difetti ritmici, le sbavature.

– Le sue o le tue?

– Le sue o le tue cosa?

– Le sbavature.

– Ah, ah.

– Comunque non ti ho mai visto leggere davanti a un cane.

– L'ascoltatore immaginario è come l'amico immaginario. Arriva quando ti serve.

Scuote la testa, forse non proprio convinta ma intrigata, riprende la trascrizione della password maledicendo l'accozzaglia di numeri e consonanti da copiare sullo smartphone; quindi, dopo una lieve esitazione che non so come faccio a percepire, torna su un argomento che avrei preferito non riprendesse.

– Non so perché l'ho fatto, prima.

Sospiro.

– Io sí.

– Allora dimmelo, per favore.

– No.

– Perché no?

– Perché sarebbe come scusarti. E non voglio.

– Mi dispiace.

– Non me ne frega niente.

Le polemiche mi annoiano, sono come i chewing gum, perdono sapore dopo un po' che li mastichi. Questa però non gliela passo, perché il *coup de théâtre* non ha riguardato solo me.

«Sapete perché siamo tornati a Cavaliere?» ha detto nel bel mezzo del pranzo, rivolgendosi a Felicino e Barbara. Ma cosí, all'intrasatta, mentre gustavamo i deliziosi fusilli di Cristina.

Felicino è rimasto con la forchetta sospesa sul piatto. Barbara, che non sapeva di cosa si stesse parlando, ha avvertito il nostro disagio e ha risposto semplicemente:

«Io no. Veramente no».

«Perché ci stiamo separando, – ha sentenziato Alice, – e non c'è nessuna possibilità di salvare il matrimonio».

Che tra l'altro, detta cosí, era anche poco comprensibile: perché due che stanno per lasciarsi dovrebbero prendere in affitto una vecchia casa venduta anni prima, se non per tentare una riconciliazione?

La temperatura si è abbassata di cinque gradi. Barbara, Felicino e io ci siamo guardati contemporaneamente in faccia. Una vampata di sangue mi è arrivata alla testa. Che le aveva preso, tutt'a un tratto?

«Tu lo sapevi?» ha chiesto di rincalzo, non contenta, a Felicino.

«Sí, – ha risposto lui un po' in colpa. – Mi dispiace».

«Quindi Fosco te l'ha detto».

«E chi altri avrebbe dovuto dirglielo?» ho chiesto, spazientito e ancora incredulo. Che bisogno c'era di mettere in imbarazzo due ospiti che proprio lei aveva invitato a pranzo?

«Scusami, Fosco, – ha detto Felicino, – forse non volevi che Alice sapesse che me ne avevi parlato».

«Ma quando mai, – ha risposto lei per me. – Come vedi sono stata io a dare la notizia. Cosí adesso lo sapete tutti e due. Magari questa è l'ultima volta che mangiamo insieme».

Barbara ha stretto le labbra in una smorfia di tristezza. Felicino mi ha guardato di sottecchi. Alice non ha fatto una piega. Sembrava indifferente all'imbarazzo che aveva causato, persino compiaciuta della sua indelicatezza. Mi è venuta voglia di alzarmi e darle uno schiaffo.

«Bell'iniziativa, Alice, – ho detto tirando il freno a mano dell'indignazione. – Molto ammirevole questa urgenza di mettere al corrente gli amici dei fatti nostri tra un fusillo e una braciola. Ma dimmi; anzi, dillo a lei, visto che Felicino era già informato: non ti ha sfiorato l'idea che Barbara avrebbe preferito non sapere, tante volte?»

«Non è un problema per me, Fosco. Mi dispiace per voi», ha detto Barbara in panne.

«Be', perché? – mi ha risposto Alice, ancora piú sfacciata. – Tu l'hai detto a Felicino, io non posso dirlo a lei?»

Mi si è irrigidita la mascella. Avrei voluto risponderle: Ma sei imbecille? Sei in grado di cogliere la differenza tra confidare un dolore a un amico e spiattellarlo a tavola davanti agli ospiti, rovinando un momento conviviale fra persone che non si vedevano da anni, fra l'altro? Cos'è questa faciloneria ipocrita, quest'approssimazione volgare nell'accostare fatti che non c'entrano? Come ti permetti?

«D'accordo, l'hai detto. Puoi ritenerti soddisfatta, – ho tagliato corto, nel timore che replicando avrei fatto degenerare la discussione, già abbastanza penosa. – Ti fermi qui o pensi di aggiungere altro?»

E l'abbiamo chiusa lí, portando a termine il pranzo senza altri incidenti.

Ma i fusilli non avevano piú il sapore di prima.

«Posso venire a trovare Geppo un giorno di questi?» ho detto a Barbara arrivati al caffè.

«Ciciú».

«Ciciú».

«Quando vuoi».

– Mi pare che tu stia meglio, – butta lí Alice mentre immergo i piatti nell'acqua saponata. Ho trovato un flacone senza marca con un fondo di detersivo, nel frattempo.

– In che senso.

– Che tornare qui non è stato cosí traumatico. Ma forse mi sbaglio.

– No, non ti sbagli. E avevi anche ragione.

– Su cosa?

– Sul fare come se fossi a casa di un altro.

M'incanto con le mani nell'acqua, mettendo a fuoco in quell'attimo una consapevolezza acquisita per tappe, che solo adesso percepisco in una forma compiuta.

– È strano, – dico fra me e me ad alta voce, – e non so quanto durerà, ma non provo piú rimpianto.

Bucky alza la testa come se avesse sentito entrare qualcuno. Mi volto verso Alice. Ha gli occhi lucidi.

– Scusami per prima, Fosco. Per favore. Non so perché ho avuto bisogno di provocarti, davvero non lo so.

– Non mi sopporti piú, Alice. È molto semplice. Non sopporti piú qualsiasi cosa riguardi me. Come l'essere tornati a Cavaliere, per esempio. Per questo hai fatto quella scena umiliante a tavola. Volevi farmela pagare.

– Non è cosí, Fosco.

– Ma sí che lo è. Sei sempre venuta controvoglia, qui. D'accordo, qualcuno dei miei amici ti era anche simpatico, come Felicino. Apprezzavi l'aria buona, la natura, qualche passeggiata. Ma non ti è mai piaciuto questo posto.

– Sono venuta. Sono sempre venuta.

– Ma credi che non lo sapessi che facevi un sacrificio? Litigavamo per niente, perché eri insofferente e non vedevi l'ora di andartene. Sai quante volte avrei voluto dirti: Tornatene in città, o vattene in vacanza per conto tuo e lasciami in pace? Non l'ho mai fatto. Avrei dovuto.

– Mi dispiace, – dice tormentandosi una mano come se avesse perso sensibilità.

– Non conta niente, purtroppo. Anzi guarda, visto che sono riuscito a parlartene, e dato quello che è successo a tavola, direi che è meglio se ce ne andiamo come siamo venuti. Del resto l'idea è stata mia, tu mi hai solo assecondato. Ho fatto male a proportelo.

Sta per piangere. Ed è difficile che le capiti.

– Non voglio che ce ne andiamo.

Subito subito non le rispondo, poi le do la risposta che non vorrebbe:

– Vai via tu. Resto io, dal momento che ho già pagato. Ne approfitto per scrivere. Mi farà compagnia Bucky, cosí magari gli leggo il romanzo fino alla fine.

Si asciuga il naso con il polso. Bucky le va vicino e la tocca con una zampa. Lei gli accarezza la testa.

– E i titoli di coda? – chiede.

– Li stiamo scrivendo, non vedi? Sono già questi, i titoli di coda.

Si alza, mi viene vicino, cerca un contatto. Sento la sua disperazione. Mi abbraccia stretto, poggia la testa sulle mie spalle. Me lo aspettavo.

– Per favore, restiamo. Mi sono comportata malissimo, hai ragione. Ho mancato di rispetto a te, ai tuoi amici e anche a noi due. Rimaniamo qui e facciamo quello che ci siamo detti. Non voglio andare via.

Non dico niente.

– Proviamo, almeno. Ce la metterò tutta, te lo prometto.

Vorrei dirle che non c'è niente da recuperare, che non siamo venuti per ritrovarci ma per lasciarci, che l'impegno che ha appena detto di volersi assumere mi lascia indifferente e che non ci sono titoli di coda da scrivere perché i titoli di coda non sono resoconti ma responsabilità e colpe e lo farei anche, se Bucky non si fosse appena abbandonato a un guaito infelice che riprende a ogni nuova emissione di fiato. Allora chiedo ad Alice di liberarmi dall'abbraccio e lei lo fa, chiudo il rubinetto e mi chino sul cane, gli prendo la testa fra le mani e lo stringo a me in un bisogno accecante di consolazione, meravigliosa anima inconsapevole che non conosce l'incomprensione e ne ignora le bassezze ma sente il dolore nell'aria e ci avverte: Smettetela, basta, fermatevi. E in quel momento tutto si svelenisce e diventa purezza, anche Alice si abbassa su di lui e lo conforta, Va tutto bene, piccolo, non è successo niente, siamo qui, è passata.

Edizione limitata

– Papà, sono io.
– Ehi, come stai?
– L'ho letto.
– Come stai me lo dici dopo?
– È bello.
– Tutto qui?
– È molto triste.
– Be'.
– Mi fa male saperti triste.
– È la vita, Cri.
– Mi hai anche spiazzato, sono anni che fai piú ridere che piangere.
– Detta cosí non sembra un complimento.
– Avanti, sai cosa voglio dire.
– Certo che lo so.
– Non è che non avessi capito. È che tu e mamma siete le uniche persone che credevo non si sarebbero mai lasciate.
– Se può consolarti, sarei rimasto con lei anche da infelice.
– Su questo forse do ragione a lei.
– Fa' pure. Davanti alla fine di un amore la differenza fra ragione e torto non conta niente.
– Ma lei lo ha letto?
– No. Non voglio che lo legga. Non lo farò neanche uscire.
– Allora perché l'hai scritto?
– Per te.

– Cosa?

– Per te soltanto.

– E perché, papà?

– Perché volevo che sapessi come mi sento.

– E come credevi che mi avrebbe fatto sentire saperti infelice?

– Alt. Sei stato tu a dirmelo, non ti ricordi?

– A dirti cosa?

– Avanti, Cri. Avevi ragione.

– Papà, cazzo.

– È il piú bel regalo che abbia mai ricevuto. Eppure era un rimprovero. Te lo ricordi? «Io sono tuo figlio. Se tu stai male...»

– Basta, per favore.

– «... voglio star male con te».

– Non voglio ricordarlo. Non voglio. Hai capito?

– E ti ho promesso che non ti avrei nascosto piú nulla.

– Be', vaffanculo. Ti autorizzo a rompere la promessa. Non confidarti piú con me, va bene?

– Ehi, Cri.

– Che vuoi.

– Sono guarito. È passata.

– Sarà che non l'ho ancora superato.

– Passiamo una vita a superare le cose. Lasciamole dove sono, è meglio.

– Forse hai ragione tu.

– Per favore, non far leggere il racconto a tua madre.

– Va bene.

– È un mio regalo per te.

– Ah, grazie tante. Cosa sarebbe, un'edizione limitata?

– Bravo. Un'edizione limitata. A te soltanto.

Fil rouge

Non so perché prima di partire ho infilato proprio quel libro in borsa. No, non è vero, lo so. Pensavo di usarlo come dizionario dei nostri titoli di coda. I romanzi di Fosco mi piacciono, soprattutto i primi, ma ho sempre preferito i suoi racconti. Forse perché è con quelli che ha cominciato a scrivere.

Lui invece non li ama molto, ma non perché consideri il racconto una forma minore, anzi. Trova improprio l'involucro editoriale che li contiene, l'idea stessa di raccolta o di antologia. Nominategli il *fil rouge* e lo vedrete storcere la bocca. Una raccolta di racconti, per lui, è un ossimoro. Perché in fondo il racconto è un essere solitario, non è pensato per una comunità. Tant'è che per combinarlo con altri bisogna cercare il sopravvalutato *fil rouge*, in nome del quale si rischia di sacrificare anche racconti validi che non c'è modo di accalappiare nel *fil rouge*.

Fosco dice che la destinazione naturale del racconto è la rivista. Che ghettizzarlo in un'antologia è un'operazione coatta. Meglio metterlo in rete, piuttosto, che è un po' come farne un aeroplanino. È parecchio caustico, al riguardo.

«Credo che l'uso migliore che si può fare di un racconto consista nell'abbandonarlo», ha detto una volta a un giornalista.

A ogni modo, se quando ho deciso di portarmi dietro il libro di racconti ero consapevole di volermene servire (non sapevo se di nascosto o proponendoglielo come bugiardino per la stesura del ricorso che avremmo dovuto redigere, dato che molti di quei racconti parlavano di noi), mi è bastato rileggere il primo – che poi è il resoconto fedele del nostro incontro, il giorno in cui ci siamo conosciuti – per capire che ero troppo legata a quelle pagine per trasferirle in un atto giudiziario anche solo come suggestione. Non voglio piegare il mio matrimonio a una traduzione che non avrebbe alcuna speranza di rendergli giustizia. Perché poi la giustizia, e meno ancora la legge, non c'entra niente con l'amore.

Parlo di nuovo come Fosco, lo so. Siamo qui da appena un giorno e gli sto già dando ragione. Chissà se reggerò.

Per ora abbozzo.

Piú volte in questi anni mi ha chiesto se la donna del racconto ce l'avesse fatta. Non gli ho risposto. In ospedale abbiamo una regola: quando muore un paziente, teniamo il segreto. È una reticenza che ho imparato fin dai primi giorni. Un patto massone: non si fa parola della morte, soprattutto con chi resta. Non lo dirò mai, a Fosco. Anche se eravamo insieme, quel giorno.

Oppure innamorarsi.

È cosí che si chiama il libro.

Prefazione di un amore

Quando la signora anziana iniziò a barcollare, il giovane con il blazer color ghiaccio se ne accorse subito. Era a pochi passi da lei e capí dal modo in cui si era appoggiata alla spalliera di una sedia che le cedevano le gambe. Allora le andò vicino per chiederle se avesse bisogno di aiuto.

- Non lo so, mi gira un po' la testa, sarà l'aria pesante che c'è qui dentro, non ho neanche fatto colazione stamattina, - disse lei, e sorrise, forse d'imbarazzo, si sorride sempre quando s'inizia a star male, per contrastare lo sgomento che si prova nel realizzare che il corpo non risponde come prima e le funzioni vitali scemano velocemente, ma intanto aveva già cominciato a reggersi al suo braccio perché non ce la faceva a stare in piedi e un attimo dopo il giovane col blazer l'aveva sentita scivolargli addosso e accasciarsi sul pavimento.

La banca affondò in una sospensione irreale, il fruscio dell'aria condizionata, il ticchettio delle tastiere dei computer e il ronzare delle macchine che autorizzavano e disponevano, trasferivano e investivano, compravano e vendevano, sembrarono interrompersi come per un calo di corrente; sul display delle precedenze due segmenti delle cifre digitali si spensero, rendendo il numero illeggibile; intorno alla signora che aveva lo sguardo perso nel vuoto andava crescendo il capannello dei curiosi, il direttore s'era imbalsamato con la mano sulla maniglia della porta vetrata del suo ufficio mentre dall'interno il cliente raccomandato si sporgeva verso la sala per sbirciare cosa stesse accadendo là fuori, tra le persone senza santi in paradiso dove può succedere di tutto.

- C'è un medico qui dentro? - alzò la voce il giovane con il blazer, ricurvo sulla signora. Non sapeva cosa fare, se sollevarla, aiutarla a distendersi meglio, chiedere che le portassero dell'acqua; non conosceva la procedura di soccorso in caso d'infarto, ammesso che d'infarto si trattasse, una manovra sbagliata avrebbe potuto aggravare le sue condizioni.

- Chiamate un'ambulanza, - ripeteva una voce di donna mentre altri azzardavano diagnosi, Cos'è successo, La signora è caduta, Un mancamento, Un calo di pressione, Un attacco cardiaco... Il giovane col blazer avrebbe voluto urlare: Ma state zitti, allontanatevi, lasciatela respirare, chiamate aiuto piuttosto, perché non arriva nessuno a salvare questa poverina che potrebbe essere mia madre e tra un po' mi muore fra le braccia? La signora gli stringeva la mano e lo guardava, ammesso che lo vedesse: Non mi lasciare, ti prego non mi lasciare; Non la lascio, signora, stia tranquilla non la lascio, cerchi di non agitarsi, sta arrivando l'ambulanza, si occuperanno di lei, vedrà che non è niente.

Fu nel momento disperato in cui il giovane col blazer, sentendosi solo e sprovveduto, detestò se stesso e la sua ignoranza, che dal piano superiore accorse lei, prendendo il controllo della situazione con la fermezza di chi sa esattamente cosa fare. Doveva avere piú o meno i suoi anni, portava una camicetta di flanella, dei pantaloni a gamba larga e un paio di Adidas bianche. I capelli, lunghi e neri come l'inchiostro, erano tenuti fermi da un paio di occhiali da sole indossati come un cerchietto.

- Fatevi indietro, per favore, - disse posizionandosi accanto al giovane col blazer e alla signora, agitando le mani in direzione della calca. - Indietro di tre passi. Lei ha capito cosa ho detto? Tre passi, non venti centimetri.

- Ma lei è un medico? - ribatté l'uomo che aveva appena redarguito.

- Bravo, molto intuitivo, - lo liquidò lei. - Si allontani, adesso.

Poi si chinò sulla donna.

Il giovane col blazer la guardò da vicino e si vergognò di se stesso nello scoprirsi a pensare com'era bella.

- Cos'è successo? Sei tu che l'hai soccorsa? - gli domandò lei mentre sentiva il polso della signora. - È caduta?

- Non credo. Mi è sembrato che perdesse conoscenza, le sono andato accanto e mi si è accasciata addosso.

- Quindi non è caduta.

- No, gliel'ho detto, è solo scivolata sul pavimento mentre si teneva a me.

La dottoressa accarezzò la fronte della donna e le diede due buffetti sulle guance.

- Signora? Signora, mi sente?

Quella annuí debolmente.

- Respira male, - disse la dottoressa al giovane col blazer. - Aiutami a tirarle su le gambe. Mettiti alle sue spalle. Ti dico io come fare, segui i miei movimenti.

Lui si preparò ad accordarsi ai suoi gesti.

Quando arrivò l'ambulanza, la signora aveva ripreso un po' di colore e muoveva le labbra. La dottoressa diede istruzioni agli infermieri e uscí con loro dalla banca tenendole la mano senza mai lasciarla.

Il giovane col blazer li seguí all'esterno preoccupato per la sorte della signora. Provava anche un'emozione fuori luogo che lo metteva a disagio, e gli sembrò che un attimo prima di salire sul vano posteriore dell'ambulanza, nel tirarsi dietro il portellone, la dottoressa lo cercasse con gli occhi e sí, che addirittura gli sorridesse.

Minicuccio

Cristina abita in una casetta a due piani nel centro storico. Al piano terra la cucina, al piano di sopra la stanza da letto e il bagno. Le case del centro storico sono quasi tutte cosí. A fare da soggiorno, fuori dalla porta, due scalini di pietra levigati dagli anni. Su quello piú alto si sedeva Innocenzo, con le mani appollaiate sul bastone e Bucky accucciato accanto. Erano i primi a uscire di casa, dopo pranzo. Poi arrivava Cristina, che si portava dietro uno sgabello di legno. Osservavano i pomeriggi passare, senza parlarsi. Dopo un po' Cristina rientrava in casa e tornava con una mela, un'arancia o un finocchio, ne staccava uno spicchio e lo offriva a Innocenzo toccandogli un braccio. Lui non si voltava neanche, levava una mano dal bastone e continuando a guardare davanti a sé raccoglieva lo spicchio e lo portava alla bocca. Ho sempre pensato che fosse quello il modo di amarsi, dopo tanti anni.

Felicino e io giocavamo nei dintorni, nei pomeriggi d'estate. A volte ci allontanavamo e salivamo fino al castello. Ci sedevamo anche noi con Innocenzo e Cristina, sul piú basso dei due scalini, quando ci fermavamo a riposare dopo esserci nascosti, rincorsi, raggiunti, arrampicati. Cristina allora ci preparava una fetta di pane su cui strofinava un pomodoro del suo orto, aggiungeva il sale e un pizzico d'origano e ce la offriva cosí, senza un piatto o un tovagliolo, e noi, con le mani sporche, afferravamo quel pane profumato e lo divoravamo voracemente, inzaccherandoci le dita e la bocca. Cristina riprendeva a lavorare a maglia, Innocenzo annuiva come se ce lo fossimo meritato, quel premio. Bucky ci veniva vicino e ci dava colpi con la zampa; Felicino lo ignorava, da me rimediava sempre un boccone. Raggiungevamo una fontanella poco lontana per rinfrescarci e tornavamo a giocare fino a sera. Quando rientravamo a casa, eravamo inebetiti dalla stanchezza.

Saranno trent'anni che non salivo per questa strada. Hanno tolto le pietre e rifatto l'asfalto, che peccato.

Bucky III mi precede trotterellando, gli piace farmi da guida. È orgoglioso di annunciarmi alla padrona.

Quando entro, ancora un po' e piangiamo tutti e due. Le dico che non è invecchiata, e veramente lo penso. Lei non smette di lisciarmi la faccia: Come ti sei fatto bello, ripete. Bucky ulula. Ma quale bello, mi sono fatto vecchio, semmai; tu piuttosto, guarda là, hai una pelle meravigliosa (è vero, l'ha sempre avuta cosí, sembra seta, e le rughe le si posano sul viso e sul collo con una grazia che ti fa venire voglia di accarezzarla), e profumi ancora di biscotto. Che biscotto e biscotto, un altro poco e il padreterno mi chiama, e fa col dito verso l'alto. Ma figurati se chiama a te quello là, con la lista che si ritrova. Come vieni bene alla televisione, fa lei con gli occhi che ridono. Bucky, piantala di ululare che qua siamo già commossi, dico al cane. Allora poi l'hai comprata, la televisione, dico vedendone una vicino al frigorifero. No, io sento solo la radio, la televisione non mi piace, me l'ha regalata mio figlio ma la accendo solo quando fanno uno sceneggiato tuo o le trasmissioni dove si parla. Che bello che li chiami ancora sceneggiati, dico. E perché, come si chiamano? Non fa niente, comunque fammi capire, tu mi vedi in tv e non cambi canale? Ma che, sei scemo? Un batticuore ogni volta. Ti voglio bene, Cristi', il batticuore per questa faccia che mi ritrovo?

E poi la ringrazio dei fusilli e lei mi chiede quanto resto a Cavaliere, e non mi chiede perché non mi sono fatto piú vedere e non sono andato al funerale di Innocenzo, vorrei tanto essere come lei, incapace di rancore, senza male, felice volta per volta, e c'è un momento in cui sto per scusarmi e lei se ne accorge e cambia discorso: Se mi aspetti scendo nell'orto e ti piglio due pomodori. Síìí, dico io, anzi me lo fai un regalo? Che regalo? La fetta di pane col pomodoro strofinato. Vuoi la fetta di pane col pomodoro strofinato a quest'ora? Ti rovini l'appetito. No, guarda, te lo metto per iscritto: non solo non me lo rovino ma lo accontento. Ti accontenti l'appetito? Eh, dico io. Bello, mi piace, dice lei, allora te la faccio, la fetta di pane, cosí ti accontenti l'appetito, aspetta qua. No, che aspetta qua, vengo con te, e scendiamo tutti e tre nell'orto.

Cristina mi riempie un cesto profumato da far girare la testa. Quando torniamo su e mi siedo a tavola aspettando che mi prepari la merenda, mi accorgo che Bucky non ci ha seguiti. Sarà nell'orto, dice Cristina, o chissà dove. È fatto cosí, quando passa qualcuno va a farsi un giro con lui.

Mangiando quel pane buonissimo ricordo tutto. A ogni morso sento un odore che torna, impreciso e selvatico come un animale che ti sfreccia davanti e non si lascia catturare dall'occhio. Ripenso alla frase che mi ha detto Alice mentre mi preparavo per venire qui: «È da quando siamo arrivati che fai archeologia dell'infanzia». Azzeccata, lo ammetto, ma non è bastata a sciogliere la tensione fra noi.

Mi alzo, do una carezza a Cristina, la invito a venire il giorno dopo a pranzo da noi e lei rifiuta: Non voglio disturbarvi ma tu vieni quando vuoi, e dal tono con cui lo dice capisco che Felicino deve averle riferito che siamo venuti perché abbiamo dei problemi da risolvere.

Non mi va di rientrare. Dopo la scena a tavola davanti a Felicino e Barbara, l'ultima cosa di cui ho voglia è riaprire l'argomento del ricorso con Alice. Se sapessi tenere il punto, le direi che per quanto mi riguarda il progetto che ci ha portati a Cavaliere è già caduto. Che per separarci vanno benissimo gli atti predisposti dai nostri avvocati. Che ho fatto male ad assecondare il suo bisogno cocciuto e in fondo ricattatorio di non affidare la separazione a un atto protocollare, e che è stata proprio la mia disponibilità a farla scantonare a tavola, spiattellando davanti ai miei amici la frustrazione di trovarsi qui. Vai pure, dovrei dirle come ho già fatto, smetti di sacrificarti e lasciami da solo a lavorare. Ma non sono un uomo di principio, per fortuna, e faccio andare le cose nel loro verso, almeno finché non mi stanco, perché allora mi fermo e non c'è piú modo di farmi rialzare (ma poi che significa essere di principio? Che c'è un principio, un principio morale, al principio di tutto? Fermarsi all'inizio, rifiutarsi di proseguire, sarebbe una qualità del carattere? Che idiozia). Allora, invece di prendere la strada di casa, devio verso il castello. Parto spedito, poi riduco la falcata per non stancarmi, nella mano il cestino di Cristina, leggero, per fortuna. Mi lascio il paese alle spalle, mentre il sentiero si complica. Passo tra cespugli di rovi e rami di lecci ricurvi che quasi tagliano la strada, faggeti, biancospini, false piste tra gli alberi che m'ingannerebbero portandomi chissà dove, se le prendessi (il gioco che preferivamo da bambini: smarrirci nei boschi e ritrovare la strada per tornare).

Arrivo al castello accaldato, mi siedo su una roccia a riposare lasciandomi spettinare dal vento e riempiendomi le narici dell'odore di ginestra. Ho gli occhi chiusi quando sento fischiare. Mi guardo intorno: nessuno. Poi un secondo fischio mi invita a voltarmi nella direzione giusta. Piú in là, in piedi sui resti del muro basso della cinta del castello, rivedo il bambino dell'Acqua del Cerro. Mi alzo dalla roccia, teso come se reagissi a una provocazione. Il ragazzino sorride come la prima volta. Non mi muovo, certo come sono che fuggirebbe di nuovo se provassi a raggiungerlo, approfitto della visuale offerta dalla linea d'aria che ci separa per guardarlo bene in faccia e schedarlo nella memoria come se dovessi fornirne una descrizione. Lui coglie le mie intenzioni e assume un'espressione spaurita. In quell'attimo le parti si ribaltano, non è piú lui a braccarmi ma il contrario, è sufficiente che lo fissi e sia io a sorridere, stavolta. Annaspa, sa che so, mi guarda come se gli avessi strappato la maschera. Allora prendo fiato e lo chiamo a voce alta, senza urlare:

– Minicuccio.

Lui quasi rincula, indietreggia, si volta, scappa lungo il muro di cinta con l'agilità di un acrobata e scompare dall'altra parte del castello. Non provo nemmeno ad andargli dietro, resto dove sono, anzi mi risiedo sulla roccia, con una stanchezza interiore simile a quella che mi viene quando, per un disturbo della vista di cui soffro da qualche tempo, all'improvviso i denti di una rotella di luce mi lampeggiano negli occhi spezzandomi il campo visivo a metà. Non dura molto, dieci o quindici minuti; so cos'è e so che non devo preoccuparmi, ma ogni volta l'apparire di quei bagliori che ormai riconosco alle primissime avvisaglie mi porta una spossatezza che mi sfianca nell'intimo. Tornare a casa adesso sarebbe come affrontare una salita ripida con una valigia pesante. Aspetterò che passi, come sempre.

Squilla il cellulare.

– Alice, – dico, rincuorato.

– Eccoti. Ma dove sei? Iniziavo a preoccuparmi.

– Al... castello.

– Al castello? Una bella scarpinata. Che ci fai lí, non eri andato da Cristina?

– Ci sono andato, infatti. Poi sono venuto qui, credo per vedere il paese dall'alto, non so.

– Ancora con la ricerca del tempo perduto?

– Eh già, – rispondo, e lascio andare un sospiro.

– Ma ti senti bene? Sembri stanco.

– Alice, ho incontrato un bambino.

– Cosa?

– È la seconda volta che lo vedo.

– Un bambino. E allora?

– Era un mio amico d'infanzia.

– Ma che stai dicendo?

– Lo so che sembra assurdo, ma era Minicuccio. Sono sicuro.

– Minicuccio?

– È il diminutivo di Domenico.

– Se questo Minicuccio fosse un tuo amico d'infanzia, avrebbe almeno cinquant'anni, Fosco.

– A questo ci arrivo. Ma era lui, ne sono sicuro.

– Magari era suo nipote. Come per Bucky.

– Ci ho pensato. Ma era vestito come lui quando eravamo piccoli. Nessun ragazzino mette quei vestiti da sciuscià, oggi.

– Adesso non mi dirai mica che è morto, questo Minicuccio.

– No, se n'è solo andato. La sua famiglia ha lasciato Cavaliere tanti anni fa.

– Allora hai avuto un'allucinazione. Il che non è nemmeno tanto strano, dato il mestiere che fai.

– Come sarebbe?

– «L'uomo a cui è dato avere visioni non ha bisogno di altra compagnia». Dylan Thomas. Me l'hai fatto leggere tu.

– Mi stai sfottendo?

– Non proprio. Questo posto è pieno di fantasmi. Li stai evocando.

– Ma ti rendi conto di quello che dici? Sei un medico.

– Lo so. Infatti sto parlando di psicologia, non di paranormale. Sto dicendo che qui hai una vita interiore molto attiva, anzi diciamo pure turbolenta. Non è escluso che i ricordi ti s'impastino con il senso di colpa e producano immagini.

– Un po' stiracchiata, come spiegazione psicologica.

– Vero. Infatti quando torniamo ti prenoto una Tac.

– Cosa?

– Senza fretta.

Un lampo disegna una crepa di luce nel cielo. Ci manca solo che piova, adesso.

– Sei preoccupata?

– Possiamo prendere la cosa sotto gamba e azzardare una spiegazione alla buona, come ho appena fatto. E non è neanche detto che non ci abbia azzeccato. Oppure andare a fondo.

– Sta per piovere.

– Sí, lo so. Sono alla finestra.

– Meglio che mi avvii.

– Aspetta.

– Cosa?

– Se piove forte stai lontano dagli alberi.

Mi volto verso la strada che ho fatto per arrivare qui.

– Mi sa che è difficile.

– Resta lí finché non smette. C'è un posto dove ripararti?

Guardo verso il castello.

– Credo di sí. Nel cortile ci sarà una nicchia, qualcosa.

– Allora vai. Da qui sembra un bel temporale.

Secondo lampo.

– E se piove fino a tardi?

– Aspetti.

Altro tuono, piú imperioso del precedente.

– E spegni il telefono, – aggiunge. – Le onde del cellulare possono attirare i fulmini.

Corro nel castello e punto il primo angolo coperto. Mi schiaccio al muro abbracciato al cesto di Cristina mentre la pioggia precipita, infangando il manto terroso del cortile. A un tratto ho una sensazione familiare e, come in quei film dove il ricordo diventa sequenza e i personaggi si rianimano e ringiovaniscono nelle immagini di un passato in bianco e nero, mi rivedo con la schiena contro il muro, gli occhi spalancati, lei contro di me che mi raccoglie fra le mani e mi fa entrare, e sospira, e mi lascia: Fai tu adesso, e ora sono io che inizio a muovermi e prendo il tempo, un ritmo costante e poi frenetico che non conoscevo, e ci abbracciamo, e io ansimo e lei sorride e poi mi cerca la bocca.

Sottovuoto

Sarà che sono davanti alla finestra che si affaccia sul giardino; che la scenografia è quasi la stessa; che ha pure smesso di piovere e sono io la protagonista di quelle tre pagine, ma ho sentito intatto il sapore dei giorni in cui sapevamo poco di tutto e ci bastava niente. Come aprire una porta e ritrovarci nella cucina di quella piccola casa.

Mi sa che non avevo mai letto questo libro dall'inizio alla fine. Avevo letto i singoli racconti, a mano a mano che Fosco li scriveva. Non credevo che potessero coinvolgermi cosí, dopo tanto tempo. Come faccia un racconto a conservare i giorni, a sprigionare immagini e odori, a riportarti in un posto dove hai lasciato qualcosa di te, è uno degli effetti speciali che tutti conosciamo ma che ci lasciano a bocca aperta ogni volta. Come il trucco di un gioco di prestigio: conoscerlo non toglie nulla al potere stupefacente del numero.

I racconti viaggiano nell'aria, attraversano gli anni, passano di bocca in bocca, di memoria in memoria, come le canzoni. Sono fatti di ritmo, melodia, armonia, rivolti. Si possono canticchiare, in un certo senso. Alcuni, come questo, hanno una struttura simile a quella verticale della canzone. Se qui ci fosse un pianoforte (e c'era, me lo ricordo, chissà che fine ha fatto), potrei quasi suonarlo, questo racconto. Forse chi scrive colonne sonore fa qualcosa del genere.

«Hai smesso di soffrire?» dirò a Fosco quando tornerà a casa.

«Per cosa?» dirà lui.

Io non risponderò. Gli farò un'altra domanda:

«Sarà cosí anche per noi? Rimpiangeremo il nostro matrimonio, poi un giorno ci sveglieremo e non ci farà piú male?»

«Se basterà il tempo che ci resta, – dirà lui. – Di sicuro ce la farai tu».

«E perché dovrei morire dopo di te?»

«Perché non sopporterei il contrario».

Sorriderò, fingendo di promettere che andrà cosí.

«Avevi ragione», dirò.

«Su cosa?»

«Sui titoli di coda».

Lui si strofinerà la fronte con i polpastrelli.

«Io non so dirti di no, Alice. Non so dirlo in generale, ma con te mi è proprio impossibile».

«Lo so. Mi dispiace d'essermi imposta».

«A me no. Guardami, non ho piú paura».

«Rimani, fa' come mi hai detto. Resta qui a finire il tuo libro».

Lui sposterà gli occhi e li ripunterà su di me.

«Non è che tu non avessi ragione, Ali. È proprio che separarsi è sbagliato, se ci tieni alle parole».

Io dirò di sí con la testa.

«Le parole che parlano di noi, le parole nostre, quelle che ci raccontano, non possono entrare in un atto giudiziario. Tutte quelle di cui hai bisogno, amore, te le ho scritte».

Farò finta di non aver sentito che mi ha chiamato amore. E non saprò se lui se ne sarà accorto.

«Siamo stati felici in quella casa piccolissima», dirò.

Lui stringerà gli occhi chiedendosi a cosa mi riferisco.

Poi capirà, e lo vedrò sorridere.

L'appartenenza

\- Ha smesso di piovere? - domandò lui dalla stanza da letto, con le braccia già infilate nelle maniche del maglione da casa.

\- Sí, - rispose lei dalla cucina preoccupandosi che la sentisse, quasi fosse stato importante.

Contò i piatti che le restavano da finire. Ne aveva già lavato qualcuno senza cura, e le pentole peggio. Mancavano quelli da dolce, pochi, qualche posata nascosta dai ciuffi di schiuma che scoppiettavano nell'acquaio e un paio di bicchieri, ma adesso, chissà perché, ci si era messa proprio d'impegno. Li girava e rigirava sotto il filo dell'acqua come fossero stati pieni di spigoli. Quando il detersivo scivolava nel lavandino il getto dell'acqua lo spingeva contro le pareti. Lei allora spostava appena il braccio del rubinetto e la schiuma si raccoglieva a meringa al centro dell'acquaio, poi piano piano si sgonfiava e l'acqua se la trascinava giú, a baffi.

Con la mano sinistra riaccompagnò il piatto nella bacinella d'acqua tiepida e saponosa che teneva sul ripiano. «Ma se l'avevo appena sciacquato», si disse. Lo lasciò perdere e si strofinò la fronte con l'avambraccio, il gomito puntato verso l'alto in modo che l'acqua non le colasse lungo i guanti e la mano chiusa a mezzo pugno, perché intero non le riusciva, e sbadigliò senza stanchezza.

Il pomeriggio stava finendo, ma la parte di cielo su cui si apriva la cucina era ancora bianca. Azzurro quasi niente, forse avrebbe ripreso a piovere, però chiaro, luminoso.

«Com'è bello da qui», pensò lei ricominciando ad accarezzare il piatto.

Il praticello su cui si affacciava la cucina era protetto dalle palazzine intorno e pareva uno spicchietto di campagna. Gli scarichi delle macchine là dentro non ci arrivavano, perciò. Era spazioso, e aveva un'aria familiare. C'erano degli alberelli, facevano pochi frutti ma molti fiori. Erano belli comunque, ti ci affezionavi. Poi c'era anche una baracca di lamiera, coperta di chiazze di ruggine, dove abitavano i gatti. Tante volte lei aveva pensato che nello spazio occupato dal campetto poteva starci benissimo un'altra palazzina. Se la costruiscono, la casa la vendiamo, aveva detto a lui una domenica mattina, svegliandosi con quel pensiero. Lui si era girato dall'altra parte dicendole: Ma ti sembra il momento.

Del resto era improbabile, il campetto apparteneva a Cremonini, il vedovo. Ci teneva le galline, ogni tanto qualcuna sconfinava e te la trovavi davanti al portone. Ci teneva addirittura due papere. Quando arrivarono, lei pensò che non avrebbero resistito piú di qualche giorno. Figuriamoci, in una città fredda come quella. Poi le vide un paio di mesi dopo, sempre dalla cucina, che si alternavano sotto la fontana del campetto, ed era sotto Natale. Pensò: Ma guarda, si fanno la doccia. E io credevo che morivano di freddo, chi me l'ha detto a me che le papere hanno freddo.

A un certo punto lui la chiamò. Stava ancora liberando la valigia.

- Teso', - disse alzando un po' la voce perché lo sentisse dall'altra stanza. - Ma che, hai cambiato posto agli asciugamani? Non li trovo.

- Eh, - rispose lei con le mani nella bacinella, - sotto, sotto.

- Nel cassetto di sotto? - domandò lui, sfottendola.

- Oh, ma ogni volta che torni sei un po' piú spiritoso? - gli disse lei buttando all'indietro la testa senza girarsi.

Lui ridacchiò e non rispose. Un minuto dopo chiuse il cassetto giusto. Lei finí l'ultimo cucchiaino.

Riconosceva ogni suo rumore. Qualunque cosa facesse in casa, ogni movimento, lei sapeva cos'era, e dove e quando sarebbe finito. Forse perché la casa era cosí piccola. Però quando indovinava sentiva come un pizzicotto.

Mentre lui chiudeva la porta del bagno, lei svuotò la bacinella e si tolse i guanti. Li appese al rubinetto, si girò e si appoggiò di schiena al lavandino.

Fuori il giorno se ne andava, cominciava a salire l'umido. In cucina ci metteva poco a entrare, e formava un odore che si riconosceva subito. Di notte, se non si ricordavano di chiudere la porta della cucina, arrivava pure nel tinello e in camera da letto, ma un po' diverso.

In bagno, lui si radeva. Lo sentiva battere il rasoio sui bordi del lavandino. Intorno, ogni pezzo della vita insieme. Anche l'umido dava un senso di pace.

Poi lui uscí dal bagno in canottiera e con l'asciugamano sulle spalle. Entrò in cucina e aprí il frigo. Era tanto assorto in quel gesto cosí solito che non la vide neanche. Diede un'occhiata ai primi due piani e al vano delle bottiglie e richiuse. Con la coda dell'occhio si accorse di lei che stava appoggiata all'acquaio e lo fissava, in uno strano silenzio. Si voltò al rallentatore. Lei era immobile, con le braccia conserte sulla pancia, e aveva un'espressione di tenerezza, come avesse avuto voglia di sonno.

Fece per parlarle. Lei lo fermò con le mani.
- Ma che c'è? - chiese lui a bassa voce.
- Sono felice, - disse lei.

Versus

Stamattina c'era una nebbia densa ma non uniforme, come una rete lacerata in piú punti che offuscava il paesaggio. Fra le scie di umido che tagliavano l'aria in diagonale filtrava il primo sole, promettendo una schiarita. Ho aperto la finestra e ho dubitato della mia vista, cadendo nell'inganno della nebbia.

Avrei aspettato che migliorasse ma Bucky scalpitava sul prato, cosí mi sono infilato la tuta, il K-Way e le scarpe da jogging e sono uscito con lui senza neanche lavarmi la faccia. L'erba cominciava a brillare come benedetta dalla luce che usciva dall'alba per entrare nel mattino. Un vento residuale ululava appena, incapace d'incutere timore e di portare il freddo. Sapeva di fantasmi innocui, di voci flebili e lamentose che, dopo aver scorrazzato nella notte con le creature che si nascondono nei boschi, lasciavano il mondo delle ombre arrendendosi al giorno.

Mentre regolavo la velocità del passo sul pietrisco umido mi è tornata in mente quella strofa di De André sul sole che scivola al di là delle dune. Bucky mi distanziava e mi aspettava, orgoglioso di mostrarmi quanto bene conoscesse il sentiero per l'Acqua del Cerro, ed era come se mi dicesse: Seguimi, non aver paura, di questo posto conosco ogni angolo e chi ci abita, so distinguere i frutti che puoi mangiare da quelli che non devi raccogliere, e annusava l'aria e le siepi alzando una zampa come un ballerino, tornando quasi agli anni giovani, quando, affascinato dall'immensità della montagna che incombeva sul paese, si avventurava per qualunque sentiero si aprisse ai suoi occhi senza paura dei pericoli, fidandosi di quel mondo misterioso e antico a cui sapeva di appartenere e che non gli avrebbe fatto del male, perché mai Innocenzo e Cristina lo avevano legato a un gancio o a un paletto o a un qualunque ormeggio che lo privasse della libertà anche per pochissimo, mai gli avevano messo un guinzaglio, solo il collare che era appartenuto a suo padre, di cui aveva ereditato il nome e l'amore di quei due vecchi che non erano i suoi padroni ma i nonni, forse, e non si preoccupavano per lui se non tornava perché sapevano che a sera sarebbe riapparso ai piedi della salita, e allora con la mano gli avrebbero fatto segno di rientrare, e lui sarebbe entrato e la porta si sarebbe chiusa alle loro spalle; avrebbe mangiato gli avanzi del pranzo che Cristina gli aveva lasciato nella ciotola e bevuto tanto, piú per stanchezza che per sete, e sarebbe andato a coricarsi accanto al caminetto, lí dove aveva il suo giaciglio, la vecchia coperta di lana a quadri che Cristina gli toglieva solo d'estate, e si sarebbe addormentato al suono dello scricchiolare dei gradini della scala di legno sotto i passi di Innocenzo e Cristina che salivano al piano di sopra e si preparavano alla notte.

La nebbia si dirada all'altezza della chiesa diroccata di cui ora, pure da lontano, vedo, nitidissima, la sagoma. Il sole è caldo e la ghiaia si asciuga. Mi muovo piú velocemente, convertendo il passo lungo in corsa. Bucky si adegua al mio ritmo, fermandosi di tanto in tanto e allontanandosi quando sto per raggiungerlo. Poi decide di staccarmi e non lo vedo piú. Rallento per guardarmi intorno e cercarlo, quando da una siepe vicina vedo sbucare il piú giovane dei due cani da pastore che avevo incontrato l'altro ieri su questo stesso sentiero. Deve avermi riconosciuto, nei suoi occhi gialli brilla la scintilla del risentimento, la soddisfazione di un conto in sospeso che sta per essere regolato; o forse è il timore di ritrovarmelo davanti a farmi leggere nel suo sguardo un retropensiero cosí malevolo.

Adesso è solo, libero dalla gerarchia che lo subordina al cane piú vecchio, può farmela pagare. Mi chiedo di nuovo dove sia il pastore, e se riuscirebbe a intervenire in tempo se mi aggredisse. Ma stavolta sono stato previdente. Il cellulare, che ho tirato fuori dal marsupio centellinando i movimenti, era già settato sulla scacciacani virtuale, e sono pronto a digitare il comando che attiverà una sequenza di spari in crescendo appena scatterà all'attacco.

Il cane ringhia, i muscoli guizzanti sotto il pelo screziato, la coda dritta in orizzontale come una baionetta, perfettamente allineata con la schiena. Gli punto il cellulare contro a mo' di telecomando piú che di pistola. Quello rincula appena di testa come per valutare la pericolosità dell'arma. Sono sicuro che stia per avventarsi quando all'improvviso fra noi due si staglia Bucky, che artiglia il sentiero pietroso con tutt'e quattro le zampe e si piega ad arco, facendomi da scudo.

Il meticcio si blocca e arretra di un passo, valutando il nuovo arrivato che ringhia a propria volta e pesta le zampe sul pietrisco, preparandosi alla battaglia. So che Bucky avrebbe la peggio contro un nemico piú giovane e piú feroce, e il pensiero mi annichilisce. Gli urlo di andarsene, ma neanche mi sente. Rimane teso, il pelo ritto, continua a fissare il meticcio negli occhi e a scoprire i denti, mostrando un coraggio e una volontà di combattere che l'altro recepisce con stupore e traduce in termini di convenienza. Tutt'a un tratto è insicuro della propria superiorità fisica e arretra, la tensione del corpo si allenta, smette di ringhiare, tira fuori la lingua come per leccare l'aria, si volta e scompare nell'erba.

È successo tutto cosí in fretta che mi accorgo solo adesso di non aver neanche usato la scacciacani digitale, inebetito com'ero dal pericolo. Bucky si siede sulle zampe posteriori, rizza la schiena e si guarda intorno con il pacato orgoglio del vincitore che ha ristabilito la sovranità del territorio. Corro da lui e lo abbraccio, lo stringo a me come un fratello maggiore, colmo di una gratitudine che mi commuove. Bucky mi lecca la faccia come per convincermi che è passata, e nel contatto dei nostri corpi sento la sua stanchezza. Se non fosse cosí grosso lo riporterei a casa in braccio per risparmiargli ogni fatica.

Realizzo all'improvviso che eravamo arrivati a pochi metri dall'Acqua del Cerro. Dev'essersene accorto anche Bucky, perché si stacca da me e va ad abbeverarsi. Lo imito. Ci guardiamo in faccia, soddisfatti e dissetati, mentre mi asciugo la bocca sul K-Way e lui si lecca le labbra. Sto per chinarmi di nuovo sul bocchettone della fontana, quando avverto una presenza alle spalle. Non mi volto, indeciso se affrontare di nuovo il mio fantasma o ignorarlo. Bucky intercetta la mia inquietudine e guaisce, oppure sente qualcosa anche lui, chissà. Allora mi giro di scatto e punto gli occhi verso la roccia dove ho visto Minicuccio la prima volta. Solo allora un ricordo sepolto nella camera oscura della memoria riemerge con la nitidezza progressiva di una foto immersa nel liquido acetico. Un bambino in un capanno, in piedi davanti a un cumulo di patate in cui dev'essersi rotolato a lungo, per quanto è imbrattato di terra. Ha sei anni, forse meno. Abbassa lo sguardo su una gallina che gli passa davanti con le ali aperte, sgranate dal movimento. Avevo un maglione a collo alto. I pantaloni e i calzini corti. Un ciuffo mi cadeva sulla fronte.

Sul sentiero, il bambino non c'è piú.

Prima di sistemare il trolley nel bagagliaio, Alice si è accucciata davanti a Bucky e gli ha chiesto la zampa. Lui l'ha sollevata e gliel'ha posata su una spalla. Alice mi ha guardato come per chiedermi se anche a me fosse sembrato che volesse trattenerla. Il mio sorriso di risposta voleva dire: «Resta», ma chissà se si capiva.

Alice ha abbracciato Bucky, l'ha baciato sul muso, ha chiuso il trolley nel bagagliaio, è salita in macchina e ha acceso il motore.

Mi sono avvicinato al finestrino ma ha evitato di guardarmi. Conosco mia moglie, so quanto detesta i commiati.

Bucky mi ha chiesto con gli occhi perché se ne andava. Abbiamo seguito la macchina al cancello mentre il pietrisco scoppiettava sotto le ruote e siamo rimasti lí ad aspettare finché non è scomparsa dietro la curva. Poi sono rientrato in casa, ho acceso il computer e ho cominciato a scrivere.

Marco?

Ci sono due modi per aspettare l'esito di una Tac o di una Pet. Uno è temporeggiare, l'altro è fremere. Per l'esperienza che ne ho, il paziente che aspetta un giorno in piú a ritirare il referto è quello piú ansioso. Piú o meno consciamente, si trattiene in quel tempo sospeso dove, non sapendo, è ancora in salvo.

L'accordo con la paziente che ho di fronte era di chiamarmi nella tarda mattinata di ieri perché le riferissi il responso con un giorno d'anticipo sulla data del ritiro. Quando, passate le due, mi sono accorta che non aveva ancora telefonato, l'ho chiamata io. Come immaginavo, ha lasciato squillare a lungo prima di rispondere.

«Ottime notizie», le ho detto senza neanche salutare.

Era cosí felice che è rimasta zitta.

«"Completa risposta metabolica ai trattamenti effettuati", – ho aggiunto, cadenzando le parole per pronunciare le virgolette. – È la conclusione del referto».

Ha lasciato andare una specie di gemito.

«Si metta serena, è finita. Passi domani a ritirare il referto e poi venga in ambulatorio. Sarò qui tutta la giornata. Non prenda il numero, vada allo sportello e chieda di me, la riceverò subito».

La figlia, una ragazza sui vent'anni col viso segnato dalla stanchezza, le tiene la mano e le sorride. Ne ho visti a bizzeffe di figli che diventano padri e madri dei loro genitori, ma ogni volta assistere a questo capovolgimento mi prende alla gola. Allora mi nascondo dietro una cartella clinica o fingo di ricevere una telefonata.

Mentre compilo il diario clinico al computer riportando i punti salienti del referto della Pet, mi vibra il telefonino nella tasca del camice. Lo tiro fuori continuando a scrivere, e alla terza vibrazione butto l'occhio al display: Marco Barbirotti.

Fisso interdetta il suo nome che lampeggia. Cosa può volere da me? È stata fissata la data dell'udienza e mi chiama per comunicarmela? Ma no, mi avrebbe informato Maria Daria Deiana. È successo qualcosa a Fosco? Non credo, mi avrebbe chiamato Cristiano. Allora cosa? Un ripensamento? Una controproposta alle richieste della mia avvocata?

Madre e figlia mi guardano mentre leggo le mie stesse domande nell'aria. Penso di rifiutare la chiamata (potrei mandare un messaggio a Marco piú tardi, spiegandogli che stavo visitando), poi decido di rispondere.

– Scusate, – dico. E mi spingo all'indietro pattinando sulle rotelle della poltrona girevole.

– Prego, dottoressa, – replica la figlia. E accarezza la madre calva.

Porto il telefono all'orecchio.

– Marco?

– Ciao, Alice. Disturbo?

– Sto lavorando, è urgente?

– Ah, scusami. No, solo una cosa che voglio dirti. Ti richiamo io.

– Va bene. Quando?

– Domani mattina.

– Domani mattina?

– Prima non posso. Sono all'aeroporto, parto tra venti minuti.

Sospiro.

– Aspetta un attimo.

Mi alzo.

– Scusatemi, devo allontanarmi per qualche minuto.

Esco dalla stanza, socchiudo appena la porta.

– Dimmi pure, Marco.

– Mi spiace se ti ho interrotto, davvero non c'è fretta.

– Ma che succede?

– Un allegato che vorrei tu leggessi. Te lo mando adesso su WhatsApp. Se hai qualcosa da chiedermi ne parliamo domani.

– Un allegato? Allegato a cosa?

– Una memoria. Scritta da Fosco. Allegata alla mia.

– Ma che dici? Non ti capisco.

– Hai ragione. Ricapitoliamo. La Deiana ha redatto il ricorso di separazione.

– Eh.

– E io ho risposto con una memoria di difesa.

– Quelle quattro righe striminzite dove accettavate tutte le richieste senza un'obiezione? Se me la chiami difesa, quella.

– Ecco, brava. A quelle righe striminzite, Fosco ha aggiunto una lettera al giudice.

Per un attimo penso di non aver capito.

– Cosa?

– Sí. Direi che possiamo chiamarla cosí.

– Ma cos'è, uno scherzo?

– Affatto. Ed è la prima volta che mi capita una cosa del genere. Un atto irrituale, fra l'altro. Una lettera al giudice unita a un ricorso, dove s'è mai vista? Ma Fosco vuole che la presenti. E io gli ho detto di sí.

Mi appoggio di schiena alla parete. Un'infermiera che spinge un giovane paziente su una sedia a rotelle, passandomi accanto, mi guarda come volesse chiedermi se mi sento bene.

– Santo Dio, Marco. Sono confusa.

– E aspetta di leggerla.

– Ma perché, cosa c'è scritto?

– Te l'ho appena inviata, dovresti riceverla a momenti.

– L'hai mandata anche alla mia avvocata?

– Non ancora. Prima volevo che la leggessi tu. Ora scusami, comincia l'imbarco. Ci sentiamo domattina, se vuoi.

– Un'ultima cosa.
– Dimmi.
– Perché gli hai detto di sí?
– Mi conosci, sono un avvocato spericolato.
– Rispondi alla domanda, per favore.
Si prende un momento.
– Perché è bellissima.
Resto senza parole. Marco mi saluta di nuovo e chiude, nello stesso momento in cui il mio telefono vibra all'arrivo del suo messaggio. Apro il pdf, inizio a leggere con una curiosità famelica, andando avanti e indietro lungo il corridoio. Arrivo alla fine davanti alla stanza delle infusioni. I malati attaccati alle flebo mi guardano straniti. Uno mi saluta. Rispondo appena. Un collega mi chiede che cos'ho.
Torno nel mio studio camminando al rallentatore. Mi siedo alla scrivania.
– Scusate, – dico.
– Di niente, dottoressa, – fa la mia paziente.
Ricomincio a compilare il diario clinico, ma poco dopo la vista si offusca.
Madre e figlia si guardano.
– Si sente bene, dottoressa? – chiede la ragazza.
– Sí, – rispondo, mentre tiro su col naso e cerco un fazzoletto nel cassetto.
– Ha avuto una brutta notizia? – domanda la madre. E la figlia le dà un colpetto sulla spalla, rimproverandole l'indiscrezione.
– No, no, – dico, tamponando il naso con il fazzoletto. – Sono solo contenta per lei, signora.

È vero, sono contenta per lei.
E soprattutto per sua figlia.
Ma non è per loro che piango.

Atto di confidenza

Signor Presidente,

Le chiedo scusa del tempo che sto cercando di rubar-Le. Del resto, non è detto che ci riesca. Magari mi ha già cestinato. Ma spero nella Sua lettura, se non altro per la considerazione che immagino avrà dell'avvocato che mi rappresenta, e che sotto ricatto ho convinto ad assecondarmi, costringendolo a unire questo allegato alla memoria che lo precede.

L'uso dei concetti di ricatto e costrizione non è improprio: ho approfittato bassamente dell'antica amicizia che ci lega, facendo correre al povero avvocato Barbirotti il rischio che la stima che Lei ripone in lui possa essere incrinata da questa iniziativa quantomeno anomala.

Si chiederà il perché di un atto di confidenza che mi prendo da solo, in polemica (lo ripeto) con il mio legale. Quale sia il senso di un post scriptum a una memoria di costituzione che già definire stringata sarebbe un eufemismo. In fondo, si tratta di una separazione coniugale. Una delle tante richieste rivolte al Suo ufficio perché decida della vita di qualcuno. Due atti distinti, o uno solo, congiunto, e si passa a un'udienza di breve durata. Poi, i provvedimenti conseguenti. Uno schema procedurale semplice, dove ogni fase deriva naturalmente dall'altra. Ma ci sono troppe cose che mancano, in quest'abbreviazione burocratica del dramma. Il dolore, su ogni altra.

Credo che anche Lei, abituato com'è a trattare le separazioni a blocchi, almeno una volta, emanando i suoi provvedimenti e accorgendosi di liquidare un fallimento esistenziale in poche righe, avrà sentito nella mano il falso crampo dell'imbarazzo. E da persona sensibile si sarà chiesto cosa stava facendo, e se ne aveva il diritto.

Ecco: quello che mi aspetto con questa lettera è che Le venga il crampo alla mano. È questo il mio affronto, l'irriverenza di cui mi assumo la responsabilità. Che Lei legga qualche riga di quel dolore. Non perché la lettura possa in qualche modo influenzare i provvedimenti che prenderà (come ha letto nella memoria, non chiedo niente e accetto qualsiasi condizione posta da mia moglie), ma solo per dare un po' di dignità a questo addio in carta da bollo.

Non intendo certo insegnarlo a Lei, ma in tribunale drammi ordinari come il nostro vengono affrontati come quelle piccole operazioni da pronto soccorso che non hanno bisogno di anestesia, tanto è lieve il dolore che provocano. Medicazioni, piú che interventi. Ma qui, Giudice, non si ricuce e non si ripara niente. Al contrario: si certifica l'irreparabile. Si dà atto di una fine. Di una morte. Eppure, tutto si riduce a uno scambio di carte e qualche volta di colpe, a cui segue un compromesso oppure, nelle separazioni giudiziali piú violente, il soccombere di una parte. Molte volte il Giudice (spero non sia il Suo caso) guarda a malapena in faccia le coppie che ha di fronte. Non c'è dramma. Non c'è dolore. Lo sconforto, la fine del sogno, l'utopia del non lasciarsi mai, l'aver mancato alla bugia bianca del sempre, la delusione di scoprirsi cosí ordinari nell'aver permesso che anche a noi capitasse quello che succede a tutti, proprio noi, cosí convinti che ce l'avremmo fatta, cosí diversi dal resto del mondo, cosí sicuri di un amore che avrebbe attraversato indenne la giovinezza e la vecchiaia, di tutto questo, Signor Giudice, nei ricorsi che esamina, nelle udienze che presiede, nei provvedimenti che emana, non c'è traccia.

Per questo usciamo dal Suo ufficio frastornati e confusi su quanto ci è successo, come quando, risalendo da una metropolitana, a un tratto abbiamo l'impressione ambigua di essere piú leggeri di prima, e solo quando cerchiamo il portafoglio realizziamo il furto, che ci umilia nell'intimo. Allora ci sentiamo sbagliati, incapaci di stare al mondo e di capire come funziona, anche se siamo noi i derubati, noi le vittime, mentre il ladro è già lontano e ride alle nostre spalle soddisfatto, procede a grandi falcate lungo i marciapiedi, apre il portafoglio che ci ha sfilato di tasca, arraffa i contanti e lancia nel primo cassonetto i nostri documenti, le carte di credito, le fotografie dei nostri figli e delle persone che amiamo e si allontana impunito.

Sento già la Sua obiezione: «Se dovessi leggere e introiettare la storia di ogni matrimonio che finisce, per restituire dignità, come lei dice, al dolore che la separazione porta in sé, sarei uno psicologo o un terapeuta di coppia. Non è quello il mio compito».

Vero. Non Le compete. Lei fa un altro lavoro. Ma vede, il principio di competenza è anche un limite invalicabile che umilia chi se lo trova davanti. La medicina, per esempio, conosce il male, non il dolore. Della passione non sa niente. Ne valuta, semmai, i risvolti chimici; ma non sa cos'è. Questo però non impedisce a un buon medico di guardare il paziente negli occhi, coglierne lo stato d'animo e dirgli una parola in piú, oltre a prescrivergli un farmaco. Magari lasciandogli il numero del cellulare e autorizzandolo a chiamare se ha bisogno. Le assicuro che avere in memoria il numero del tuo dottore ha un effetto terapeutico superiore a qualsiasi pillola.

A ogni modo non abbia timore, non voglio certo rifilarLe l'autobiografia del nostro matrimonio. Le dico di piú: con mia moglie abbiamo tentato di redigere da noi un ricorso congiunto, per scrivere quelli che avevamo definito i titoli di coda della nostra vita. Ma non ha funzionato. Abbiamo cercato le parole adeguate per la nostra separazione, per poi capire che non c'erano, quelle parole. Allora abbiamo preferito rassegnarci al giuridichese dei nostri legali, nel mio caso accettando passivamente anche le scudisciate gratuite dell'avvocatessa di mia moglie, che detto fra noi trovo grossolane e anche un po' ridicole. Come se avesse il diritto di prendere le difese della donna che ho amato tutta la vita. Come se io non fossi dalla parte di mia moglie, pensi che idiozia.

Se ripenso agli anni vissuti insieme, credo di poter dire che ho amato mia moglie profondamente. Sono stato riamato, e tanto. Ma per quanto sappia tutto questo, i conti non mi tornano. Ci dev'essere qualcosa che ho fatto che ha allontanato da me la mia compagna. Una decisione che avrebbe voluto non prendessi, un gesto, una risposta cinica, sgarbata, buttata lí senza importanza, che ha segnato l'inizio di una rovina che si è compiuta nell'arco di poche ore e me l'ha portata via.

Di solito, quando la persona che amiamo ci lascia, soffriamo per la sua durezza. Per quella sconosciuta crudeltà che ci colpisce tanto piú ferocemente quanto piú la vediamo uscire da lei, quasi fosse posseduta da un'entità estranea che ci fa del male ingiustamente, quasi, per cosí dire, parlasse con la voce di un altro.

Fosse stato almeno questo, fra noi. Se una volta soltanto avessi sentito venire da lei un po' dell'indifferenza sprezzante tipica di chi ha smesso di amare, oggi avrei almeno del rancore a cui tenermi. Mia moglie, invece, l'ho perduta senza urti. Senza male. In silenzio, nella complicità e nella gentilezza. Quante volte, quando di notte mi cercava, ho riconosciuto nelle sue carezze una pena insopportabile, di chi vorrebbe e non può piú, e però non si rassegna e prova ancora; e io che me ne accorgevo volevo morire e la abbracciavo, per aiutarla a ingannarmi.

La verità è che non c'è senso nella fine di un amore. Come nell'inizio, del resto.

All'udienza reggeremo il gioco. Ci fingeremo insensibili, indifferenti allo scempio che la legge farà dell'amore che ci ha fatto incontrare e poi è sparito dalla nostra vita senza un saluto.

Non si offenda se parlo male della legge. Ne ho rispetto, mi creda. Ma la legge, e soprattutto la giustizia, non c'entrano niente con l'amore. L'amore non è giusto, e non sopporta le regole. È per questo che ci rende felici.

Ecco tutto, Presidente. Sto per salutarLa e quasi mi dispiace, anche se mi sento sollevato per Lei al pensiero che fra poco smetterò di scrivere. In fondo, in quest'atto di confidenza – mi permetta ancora di chiamarlo cosí – non ho chiesto niente di piú di quanto non fosse già scritto nei documenti dei nostri legali. Aveva ragione il mio avvocato a dire che atti del genere piú sono brevi e meglio è.

Ho approfittato della Sua curiosità e della Sua pazienza. Per quel che vale, me ne vergogno. Anche se mi sento un po' meglio di prima.

Non si lasci tentare dalla voglia di rileggere, Presidente. Quella strana sensazione che prova, come di domanda senza punto interrogativo, è anche mia. Mi rendo conto che tutto quello che voglio è assecondare mia moglie per l'ultima volta. E questa è forse la cosa piú sensata che abbia scritto fin qui. Spero mi capirà. Come La capirò io se strapperà questi fogli dalla memoria del mio avvocato e farà finta di non averli mai letti.

Grazie, anche in quel caso.

Con i miei ossequi,

Fosco Donnarumma

Un anno dopo

Il mancato appartiene al vissuto. È quanto accade alle tue spalle, o di fianco, che non vedi, ma di cui avverti il passaggio, e sai, mentre ti guardi intorno con un'ambigua attesa del cuore, che la tua vita, in quell'attimo, ha rischiato di cambiare.

Riapro gli occhi davanti allo schermo del computer e fisso il cursore che lampeggia alla fine del rigo. È un po' che mi addormento, quando lavoro su una frase. Dipende dal fatto che m'incanto nel cercare le parole, per disporle in un movimento spiralico che dia musicalità al concetto che ho in mente. Prima ero piú spedito, accordavo le idee a orecchio. Ora le parole le aspetto, le scelgo, le prendo in contropiede, le inganno, le tiro per la coda un attimo prima che se la svignino. Poi, di colpo, mi abbiocco. Me l'avevano detto che la vecchiaia è fatta di pisolini.

A svegliarmi è stato un messaggio di Alice. Era tanto che non la sentivo. Mi chiede se sono in città e se posso farle un favore.

«Sí, sono qui, dimmi».

«Hai sempre le chiavi di casa?»

Casa tua, vorrei scrivere, correggendola. Quella dove non abito piú.

«Sí, devo averle da qualche parte».

So bene dove le ho.

Fisso i tre puntini sotto il nome di Alice che segnalano la scrittura della risposta in corso. I dialoghi in diretta via messaggino mi danno il nervoso. Ti mettono in attesa delle parole come se pendessi dalla bocca di un altro.

«Potresti passare a vedere se ho chiuso la chiave di arresto dell'acqua? Sono fuori per un convegno fino a venerdí, e ho questo chiodo fisso da quando sono partita».

Leggo il messaggio due volte. Speravo di non tornarci piú, nella casa dove abbiamo vissuto insieme per venticinque anni.

«Sí, certo».

«Grazie, mi dispiace davvero disturbarti ma mi conosci, sono ansiosa».

«Non preoccuparti, non mi costa niente. Ti scrivo piú tardi».

«Grazie. E scusa ancora».

Appena apro il portone, Bucky scappa per le scale, precedendomi. Penserà che andiamo a trovare qualcuno che conosce, e non vede l'ora.

– Ma dove corri, – gli dico, – che non sai nemmeno a che piano è.

Si ferma in cima alla prima rampa e mi guarda interdetto, tenendo sollevata la zampa destra.

– Dài, vieni.

E chiamo l'ascensore.

Durante la salita, guarda incuriosito dalla finestra della cabina i pianerottoli che gli scorrono davanti l'uno dopo l'altro. Forse è la prima volta che entra in un ascensore. Del resto è sempre vissuto in campagna, e nel palazzo dove abito adesso non lo usiamo mai, visto che l'appartamento è al primo piano. Gli accarezzo la testa divertito al pensiero che stia facendo la sua prima esperienza di elevazione, e lui mi guarda come a dire: «È bella, questa giostra».

Apro la porta e noto che Alice non aveva dato neanche la doppia mandata (e si preoccupava della chiave dell'acqua). Non è un inedito: lasciava sempre le chiavi nella serratura, quando rientrava con le mani occupate. Avevo preso l'abitudine di alzarmi dalla scrivania per andare a controllare, e non glielo facevo neanche notare.

Bucky, eccitatissimo, scappa dentro casa aspettandosi di trovarci qualcuno che conosce, forse proprio Alice, chissà.

Le serrande sono abbassate. Schiaccio l'interruttore che accende contemporaneamente le luci dell'ingresso e del mio studio e mi guardo intorno. Non è cambiato niente, ma in fondo è passato appena un anno, d'accordo con Alice ho lasciato qui tutti i miei libri, e sono loro che arredano. Nello studio ci sono ancora le foto attaccate con le puntine sulla bacheca di sughero alle spalle della mia scrivania e questo mi sorprende.

Bucky fiuta in giro per ogni dove e mi interroga con gli occhi.

– Abitavo qui, – gli spiego. E mi avvio verso la cucina.

– Non ti ricordi i messaggini di Alice? Dobbiamo controllare la chiave dell'acqua, – dico mentre mi trotterella dietro.

Entro in cucina, accendo la luce, tiro su la persiana, esco sulla veranda, apro lo sportello dell'acqua e controllo la levetta. La doppia mandata se l'era dimenticata, questa no.

«Tutto a posto, era chiusa», le scrivo.

Non risponde. Sarà impegnata.

Riabbasso la serranda e mi affaccio in soggiorno. La prima cosa che noto è una cornice sulla credenza di Gio Ponti che avevamo comprato in una fiera antiquaria durante un viaggio in Toscana, prima che nascesse Cristiano. Conteneva una foto di noi due a Parigi, al tavolino di un bistrot. Sorridevamo. O meglio, io sorridevo e lei rideva di gusto. Puntava il gomito sul tavolino e si toccava il collo con una mano. Tra le tazzine di caffè, una copia di «Le Monde» lasciata lí da qualcuno, il sale, il pepe.

Adesso la cornice è vuota. E fa male.

Sto per andarmene quando l'occhio mi cade sul divano. C'è un plaid appallottolato accanto a un libro lasciato aperto, a faccia in giú. Sopra, gli occhiali da lettura di Alice. I segni di lei, che ben conosco. Allora la rivedo, seduta nella controra, le gambe coperte dal plaid, gli occhiali da lettura inforcati, il romanzo che le cade dalle mani per un colpo di sonno.

Guardo ancora la cornice svuotata di noi due e capisco, come se ne prendessi pienamente coscienza solo adesso, che l'unica cosa che conta, e conterà d'ora in avanti, è che l'ho persa per sempre.

Prendo gli occhiali, richiudo le stanghette, li poso sul tavolino che serve il divano, faccio un'orecchietta al romanzo per conservare il segno della pagina, ripiego il plaid in quattro e fisso l'aria.

Bucky, sulla porta, mi chiede con gli occhi che cos'ho.

Nota dell'autore.

Non so quando Elsa Morante abbia pronunciato la frase in epigrafe. Pare che la dicesse ogni tanto agli amici, quando si chiedevano l'un l'altro quale fosse la frase d'amore piú bella. Come al solito aveva ragione.

La citazione a pagina 7 è tratta da Alfonso Gatto, *Chissà*, in Id., *Tutte le poesie*, a cura di Silvio Ramat, Mondadori, Milano 2020 (© 2015 Mondadori Libri Spa).

A pagina 209 si cita Dylan Thomas, *I racconti*, prefazione di Gabriele Frasca, Einaudi, Torino 2024: in particolare, il racconto è *Un sabato d'estate*, tradotto da Floriana Bossi e rivisto da Claudia Canale.

La battuta su Wisława Szymborska a pagina 122 è dello scrittore Sandro Bonvissuto.

Ringrazio Dalia, che mi ha suggerito l'idea di questo libro.

Postiglione, per gli anni in cui imparavamo a non aver paura del mondo. E per la cittadinanza onoraria.

Indice

Einaudi usa carta certificata PEFC
che garantisce la gestione sostenibile delle risorse forestali

Certificato PEFC
Questo prodotto è realizzato con materia prima da foreste gestite in maniera sostenibile e da fonti controllate
PEFC
PEFC/18-32-03
www.pefc.it

Stampato su carta HOLMEN con fibra vergine
proveniente da foreste sostenibili
www.holmen.com/paper

Stampato per conto della Casa editrice Einaudi
presso ELCOGRAF S.p.A. - Stabilimento di Cles (Tn)
nel mese di settembre 2024

C.L. 25575

Ristampa						Anno			
0	1	2	3	4	5	2024	2025	2026	2027